Wo dieses Jahr gewählt wird

Landtagswahlen 2024

22. September

Brandenburg

Sachsen

Thüringen

1. September

Ergebnis der Europawahl 2024 in Sachsen

Stimmenanteil in Prozent

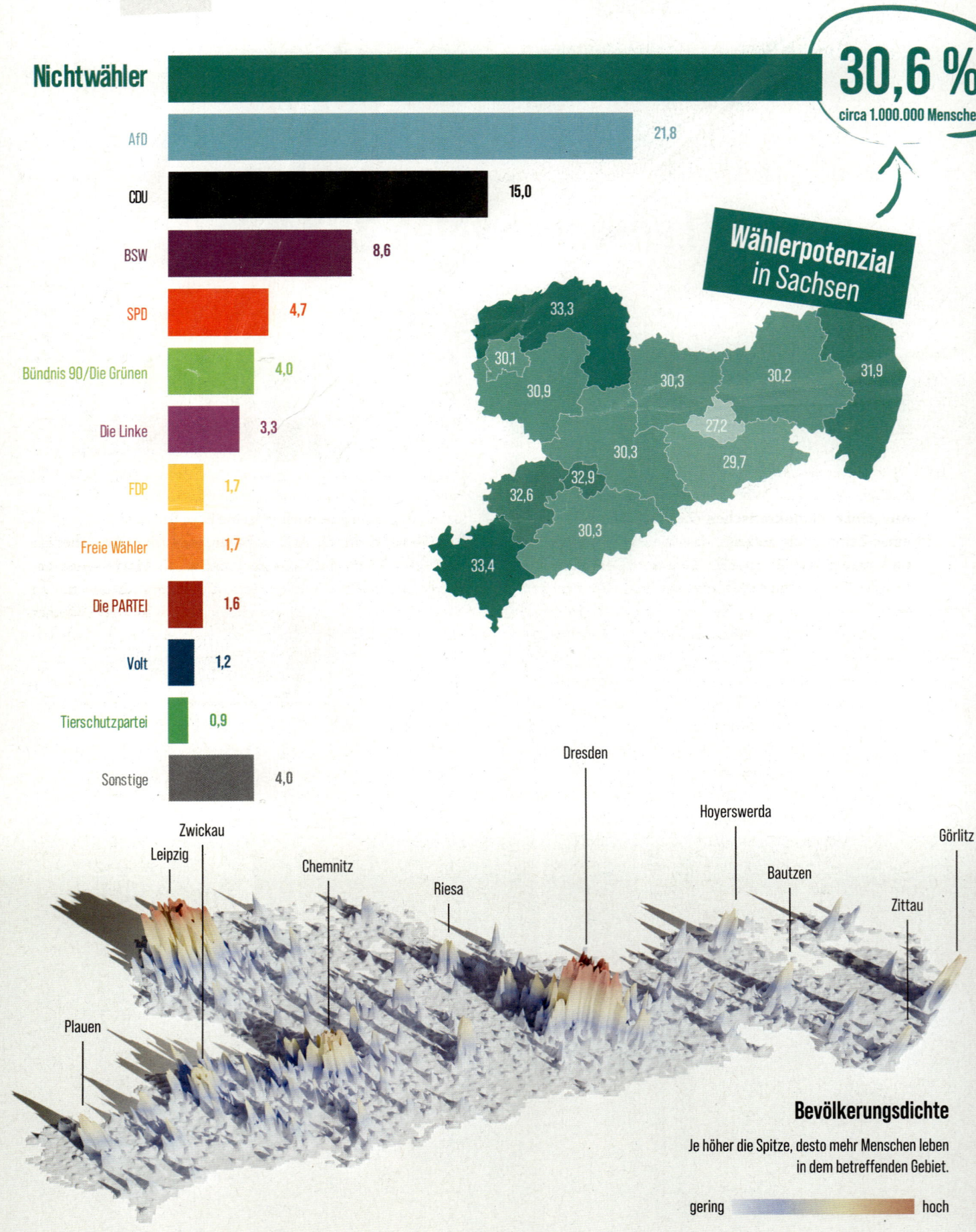

Nichtwähler — **30,6 %** circa 1.000.000 Menschen

AfD — 21,8

CDU — 15,0

BSW — 8,6

SPD — 4,7

Bündnis 90/Die Grünen — 4,0

Die Linke — 3,3

FDP — 1,7

Freie Wähler — 1,7

Die PARTEI — 1,6

Volt — 1,2

Tierschutzpartei — 0,9

Sonstige — 4,0

Wählerpotenzial in Sachsen

33,3 · 30,1 · 30,9 · 30,3 · 30,2 · 31,9 · 27,2 · 30,3 · 29,7 · 32,9 · 32,6 · 30,3 · 33,4

Plauen · Leipzig · Zwickau · Chemnitz · Riesa · Dresden · Hoyerswerda · Bautzen · Zittau · Görlitz

Bevölkerungsdichte

Je höher die Spitze, desto mehr Menschen leben in dem betreffenden Gebiet.

gering — hoch

Wir gründen KATAPULT Sachsen!

Eine rechtsextreme Partei hat es geschafft, die Mitte der Gesellschaft zu erreichen. Fremdenfeindlich, antisemitisch, korrupt – die AfD wird in Sachsen höchstwahrscheinlich trotzdem stärkste politische Kraft werden. Bei Umfragen zur Landtagswahl wollen aktuell bis zu 34 Prozent aller Sachsen diese gefährliche Partei wählen. Ich will das nicht hinnehmen. KATAPULT will das nicht hinnehmen!

Deshalb gründen wir hier und heute KATAPULT Sachsen! Um ein Zeichen zu setzen. Um aktiv zu werden. Aber auch, um so viele Unentschlossene und Nichtwähler wie möglich zu erreichen. Wie genau? **Wir werden Sachsen noch vor der Wahl mit einer demokratischen Zeitung überschwemmen** – einer Zeitung, die aufzeigt, dass die AfD eine populistische und extremistische Partei ist, die unsere Demokratie abschaffen will. Eine Zeitung, die klarmacht, dass Migration auch viele positive Seiten hat. Einer Zeitung, die Sachsen so zeigt, wie es wirklich ist – mit Schwächen, aber auch mit vielen Stärken, wie einer seit 2000 um 30 Prozent gewachsenen Wirtschaft, einer vielfältigen Kulturszene und immer noch mehr weltoffenen als nationalistischen Menschen.

Die Idee: Diese Zeitung soll alle Wahlberechtigten erreichen, die in Sachsen leben. Wirklich alle. Das hört sich größenwahnsinnig an, aber ich meine es genau so! Um das zu schaffen, müssen wir zusammenarbeiten. An den Texten und Grafiken arbeiten wir bereits. Und ihr? Ihr könnt die Druckauflage mit jedem gespendeten Euro um ein Exemplar erhöhen. Wenn ihr zehn Euro spendet, drucken wir zehn Zeitungen mehr. Das Ziel: 500.000 Stück! KATAPULT finanziert die ersten 10.000 Exemplare.

Das ist aber nur der erste Teil. Denn die Zeitung muss noch zu den richtigen Leuten gelangen – und das klappt nur mit euch! Wir kommen am **2. August** nach **Dresden** und am **3. August** nach **Leipzig**, um die Zeitungen an die Bevölkerung zu verteilen, aber wir brauchen euch zusätzlich, damit sie wirklich alle Ecken des Landes erreicht. Von Pohritzsch bis Oybin, von Köbeln bis Schönberg. Wir geben euch Hunderte Zeitungen und ihr verteilt sie in eurer Familie, unter Bekannten, ihr pflastert damit die Unimensa oder legt sie auf alle Sitze aller Bahnwaggons. Ihr legt sie in Kulturzentren, Arztpraxen und eurem Hausflur aus. Ist mir egal, wo überall – ihr entscheidet das selbst. Hauptsache, es geht in jede noch so kleine Ecke Sachsens.

Ob wir damit die AfD aufhalten, weiß ich nicht – aber ich weiß eins: **Wenn die Nazis noch mal an die Macht kommen, werde ich nicht derjenige sein, der nichts unternommen hat. Ich werde der sein, der alles versucht hat, der sich den Arsch aufgerissen hat, der mit euch die beste Sachsen-Zeitung der Welt gebaut und mit allen Mitteln versucht hat, die Feinde der Demokratie aufzuhalten! Und wenn wir nur eine einzige verdammte Person überzeugen – es ist mir scheißegal –, dann war es das bereits wert!**

Im Grunde helfen wir uns damit selbst. Wir finanzieren die Zeitung gemeinsam und wir verteilen sie gemeinsam. In der Psychologie gibt es das Prinzip der Selbstwirksamkeit. Das ist die innere Überzeugung, schwierige Situationen meistern zu können. Professor Hubertus Buchstein hat im Greifswalder Ravic den Begriff der Weltwirksamkeit erfunden, bei der man vor allem auch positiv auf sein Umfeld wirkt, und ich rufe euch hiermit zu: Lasst uns eine Sachsen-Wirksamkeit aufbauen!

katapult-sachsen.de

10.000   500.000

Ergebnis der Europawahl 2024 in Thüringen

Stimmenanteil in Prozent

Partei	Prozent
Nichtwähler	**38,1 %** circa 650.000 Menschen
AfD	18,9
CDU	14,2
BSW	9,2
SPD	5,0
Die Linke	3,5
Bündnis 90/Die Grünen	2,6
FDP	1,2
Freie Wähler	1,1
Die PARTEI	1,2
Volt	0,8
Tierschutzpartei	0,6
Sonstige	3,0

Wählerpotenzial in Thüringen

Kartenwerte: 43,4 · 35,1 · 40,3 · 40,2 · 37 · 35,8 · 32,2 · 35,1 · 36,9 · 38,2 · 38,8 · 32,6 · 40,2 · 36,9 · 34,4 · 42,3 · 41,3 · 41,5 · 40,7 · 32,8 · 43,1 · 43,4

Bevölkerungsdichte

Je höher die Spitze, desto mehr Menschen leben in dem betreffenden Gebiet.

gering ——————— hoch

Heilbad Heiligenstadt · Eisenach · Mühlhausen · Gotha · Nordhausen · Arnstadt · Erfurt · Sömmerda · Sonneberg · Weimar · Jena · Apolda · Eisenberg · Gera · Meuselwitz · Altenburg

Wir gründen KATAPULT Thüringen!

Genau wie in Sachsen wird die AfD in Thüringen vom Verfassungsschutz als gesichert rechtsextrem eingestuft. Der Vorsitzende dieses Landesverbandes ist der wohl bekannteste Rechtsextremist der gesamten AfD: Björn Höcke. Wissenschaftler erkennen in Höckes Äußerungen Faschismus, Rassismus, Geschichtsrevisionismus und Antisemitismus. Aber was laber ich euch voll. Ihr wisst das alles bereits.

Zur Einordnung: Es geht hier nicht darum, ob die AfD ein paar Kontakte zur rechtsextremen Szene pflegt. Nein. Die AfD Thüringen IST die rechtsextreme Szene!

Und trotzdem wollen viele Menschen in Thüringen für die AfD stimmen. Im Januar waren es 36 Prozent. Der höchste jemals in einem Bundesland für die AfD gemessene Wert. Das ist natürlich eine Schande. Die restliche Bevölkerung hat das nicht verdient. Und tatsächlich gibt es auch Hoffnung. Die *Correctiv*-Recherchen über das Treffen von Rechtsextremisten in Potsdam und die anschließenden Demonstrationen haben die Zustimmung für die AfD um sechs Prozentpunkte nach unten korrigiert.

Aufklärung kann also einen Unterschied machen. Und deshalb gründen wir hier auch KATAPULT Thüringen! Um all diejenigen zu erreichen, die wegen der Sozialen Medien denken, dass die AfD eine harmlose Protestpartei ist, aber auch diejenigen, die nicht wählen gehen wollen. **Wir werden Thüringen noch vor der Wahl mit einer aufklärerischen Karten-Zeitung überfluten.** Eine Zeitung, die zeigt, wie viele Krankenhäuser in Thüringen ohne Migration nicht mehr betriebsfähig wären, wie viele Rentner nicht mehr gepflegt werden könnten, hätte es in der Vergangenheit keine Migration gegeben.

Auch für Thüringen finanzieren wir die ersten 10.000 Exemplare – und ihr könnt diese Auflage durch Spenden erhöhen: Für jeden Euro drucken wir eine Ausgabe mehr. Je mehr Exemplare, desto mehr Menschen erreichen wir – und desto größer ist die Wirkung. Wenn wir 300.000 Exemplare schaffen, dann könnten wir theoretisch alle Nichtwähler erreichen, wenn jede Zeitung von zwei bis drei Menschen gelesen wird.

Das KATAPULT-Team wird auch nach Thüringen fahren, um die Zeitungen zu verteilen und größere Pakete an Leute zu übergeben, die sie im Land austeilen. Am **5. August** sind wir in **Jena** und am **6. August** in **Erfurt**. Heißt: Auch hier müssen wir zusammenarbeiten. Meldet euch, wenn ihr Zeitungen verteilen wollt: Jena-Paradies! Weimar-Holzdorf! Erfurt-Schmira! – in der Kneipe, im Rathaus, im Goethe-Haus. Macht, was ihr für richtig haltet. Denn Thüringen hat es nicht verdient, von Nazis regiert zu werden!

katapult-thueringen.de

10.000   300.000

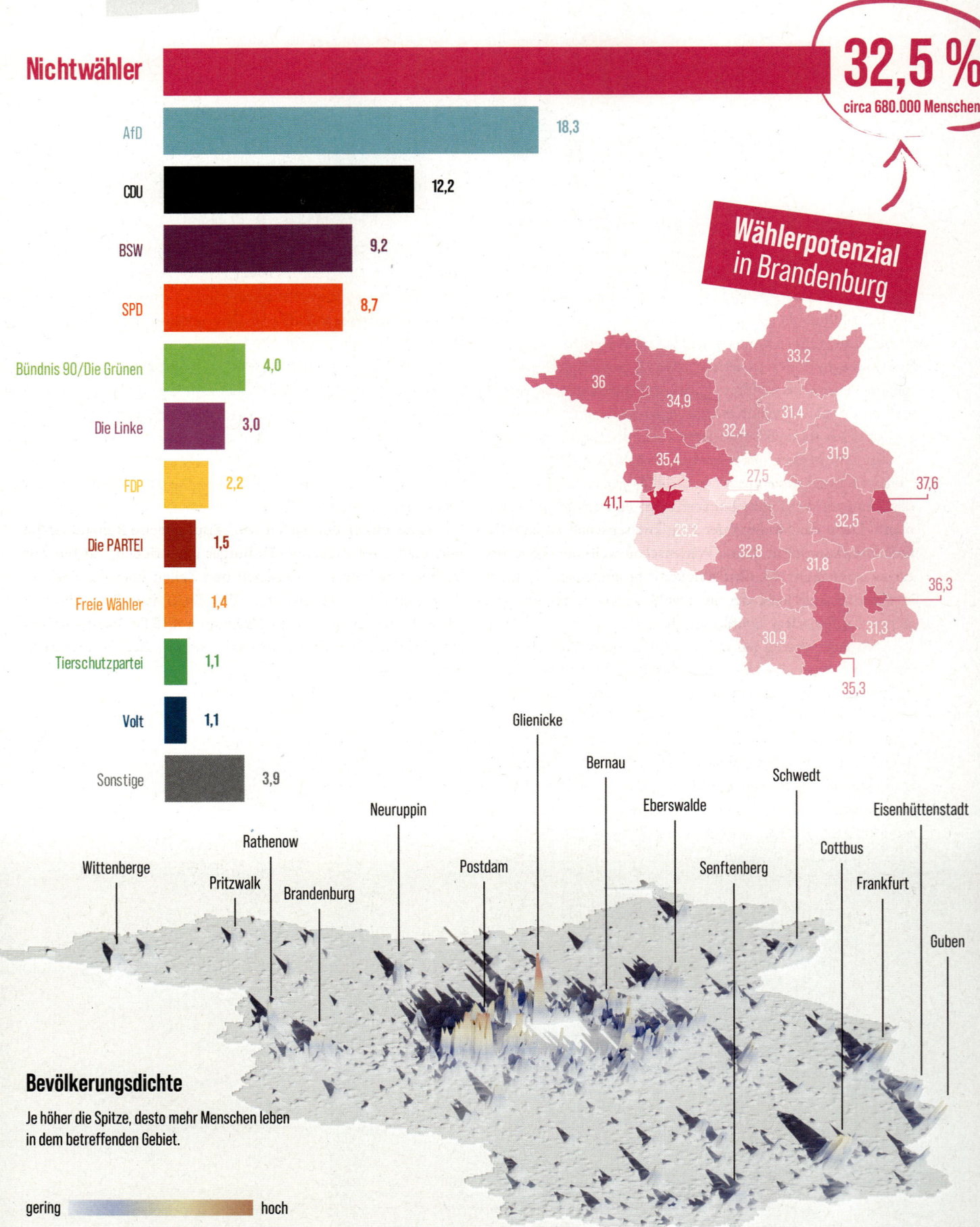

Ergebnis der Europawahl 2024 in Brandenburg
Stimmenanteil in Prozent

Nichtwähler

32,5 %
circa 680.000 Menschen

Wählerpotenzial
in Brandenburg

Partei	%
AfD	18,3
CDU	12,2
BSW	9,2
SPD	8,7
Bündnis 90/Die Grünen	4,0
Die Linke	3,0
FDP	2,2
Die PARTEI	1,5
Freie Wähler	1,4
Tierschutzpartei	1,1
Volt	1,1
Sonstige	3,9

Kartenwerte: 36, 33,2, 34,9, 31,4, 32,4, 27,5, 31,9, 37,6, 35,4, 41,1, 23,2, 32,5, 32,8, 31,8, 36,3, 30,9, 31,3, 35,3

Städte: Glienicke, Bernau, Schwedt, Eberswalde, Eisenhüttenstadt, Neuruppin, Postdam, Cottbus, Senftenberg, Frankfurt, Rathenow, Brandenburg, Guben, Pritzwalk, Wittenberge

Bevölkerungsdichte

Je höher die Spitze, desto mehr Menschen leben in dem betreffenden Gebiet.

gering ▬▬▬ hoch

Wir gründen KATAPULT Brandenburg!

Hallo Brandenburg, ich muss mich an dieser Stelle mit ein paar persönlichen Worten melden. Auf den Fotos aus der Gründungszeit von KATAPULT findet sich eine Person, deren weitere Karriere damals nicht abzusehen war. Das ist René Springer (damals SPD). Er hat einen Artikel für KATAPULT geschrieben. Heute ist klar: Springer wurde anschließend Redenschreiber bei NS-Verharmloser Alexander Gauland und ist bis zum Vorsitzenden der AfD Brandenburg aufgestiegen. Die Partei wird dort als rechtsextremistischer Verdachtsfall eingestuft.

Springers Fall beschäftigt in Greifswald einige Leute, Uni-Dozierende, Freunde, das Gründungsteam von KATAPULT und auch mich persönlich. Alle fragen sich: Wie konnte das passieren? Springers Lebenslauf ist einigermaßen beschämend. Denn das Studium der Politikwissenschaft ist eine Demokratiewissenschaft. Diese Wissenschaft weiß um die rechtsextremen Gefahren für die Demokratie besonders gut. Springer ist demnach kein Idiot, der nicht weiß, dass er und seine Partei demokratiefeindliche Politik betreiben.

Die meisten vermuten, dass er aus Karrieregründen handelt. Bis vor Kurzem jedenfalls, bis er über das Potsdamer Geheimtreffen der Rechtsextremen schrieb: »Wir werden Ausländer in ihre Heimat zurückführen. Millionenfach. Das ist kein Geheimplan. Das ist ein Versprechen. Für mehr Sicherheit. Für mehr Gerechtigkeit. Für den Erhalt unserer Identität. Für Deutschland.« Spätestens ab hier kann man ihn nicht mehr als Karrieristen abtun. Jemand, der so etwas schreibt und denkt, ist von millionenfacher Deportation überzeugt, die hier im Gewand der Rückführung daherkommt. Genauso haben es vor 90 Jahren schon andere gemacht.

Andere Führungspersonen in der AfD Brandenburg ticken ähnlich. Die große Gemeinsamkeit ist ihre Menschenfeindlichkeit. Ihr kennt das alles wahrscheinlich. Deshalb gründen wir auch KATAPULT Brandenburg! Damit es ein Gegengewicht gibt. Damit es Aufklärung gibt. **Wir werden Brandenburg mit einer demokratischen Zeitung überschütten.**

Am **8. August** kommen wir nach **Cottbus** und am **9. August** nach **Potsdam**, um euch genügend Zeitungen zum Verteilen zu geben.

Du schaffst es nicht, in diese Orte zu fahren? Schreib uns deine Adresse und die Anzahl der Zeitungen, die du verteilen willst, an *zeitung@katapult-magazin.de* und wir schicken dir ein Paket zu. Du willst die Zeitung in deiner gesamten Firma, Organisation oder Schule verteilen? Melde dich. Du willst dich als starke Recherchekraft oder kreative Grafiksau bewerben? Mail schreiben!

Hätte ein Liedermacher wie beispielsweise Rainald Grebe ein Lied über euch Brandenburger geschrieben, ich bin mir sicher, er würde sich zwischen den Zeilen über die Berliner lustig machen, und zwischen den Zwischenzeilen schreien: **Brandenburg – und auch Thüringen und Sachsen – haben es verdient, dass die demokratischen Kräfte die undemokratischen übertrumpfen!**

BENJAMIN FREDRICH
HERAUSGEBER KATAPULT

katapult-brandenburg.de

10.000   300.000

INHALT

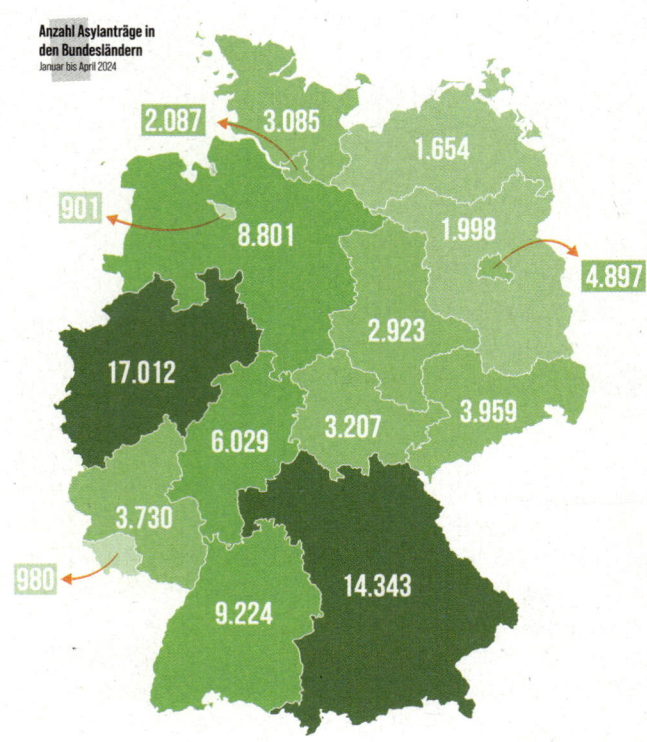

14   STUDIE
WILDER WESTEN IST DER BESTE ORT FÜR UFO-SICHTUNGEN

18   PSYCHOLOGIE
EMPATHIE KANN MAN LERNEN

24   HORRORSTUDIEN
DIE TUSKEGEE-SYPHILIS-STUDIE

Vier Jahrzehnte lang forschen Ärzte in den USA an syphiliskranken schwarzen Männern, ohne dass diese davon wissen. Über den gesamten Zeitraum wird den Testpersonen der Zugang zu lebensrettenden Medikamenten verwehrt – viele von ihnen sterben. Wissenschaftlich bedeutsam war das Experiment nie, trotzdem hallen seine Folgen bis in die Gegenwart nach.

Anteil von People of Color an der Bevölkerung
2021, in Prozent

bis 5   bis 14   bis 28   über 28

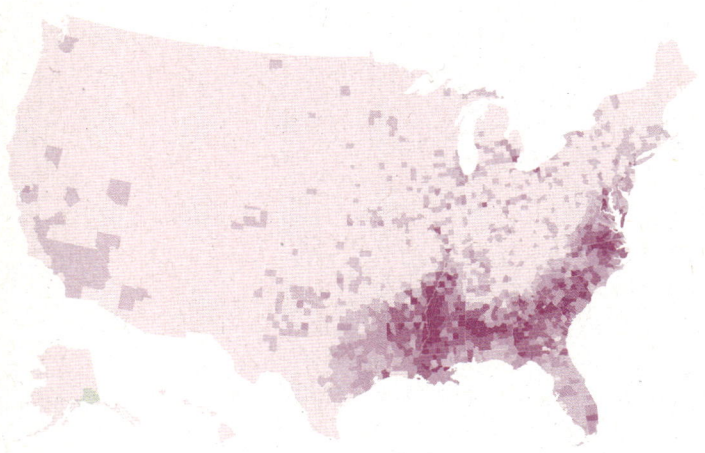

30   STUDIE
KLIMAWANDEL BEGÜNSTIGT TERRORISMUS

Anzahl Asylanträge in den Bundesländern
Januar bis April 2024

2.087   3.085   1.654

901

8.801   1.998

4.897

17.012   2.923

3.959

6.029   3.207

3.730

980

9.224   14.343

33   UNGLEICHE CHANCEN
OB JEMAND ALS FLÜCHTLING ANERKANNT WIRD, HÄNGT AUCH VON DER HERRSCHENDEN STIMMUNG AB

In Deutschland gilt: Ob eine geflüchtete Person bleiben darf, soll allein von den Asylgründen und der Situation im Heimatland abhängen. Eine Studie zeigt nun aber, dass auch die politische und gesellschaftliche Stimmung die Anerkennungsquote beeinflusst. Das Überraschende: Eine traditionell konservative Politik erhöht die Wahrscheinlichkeit, Asyl gewährt zu bekommen.

30   KARTENSPEZIAL
SO SAH BRASILIEN 1534 AUS

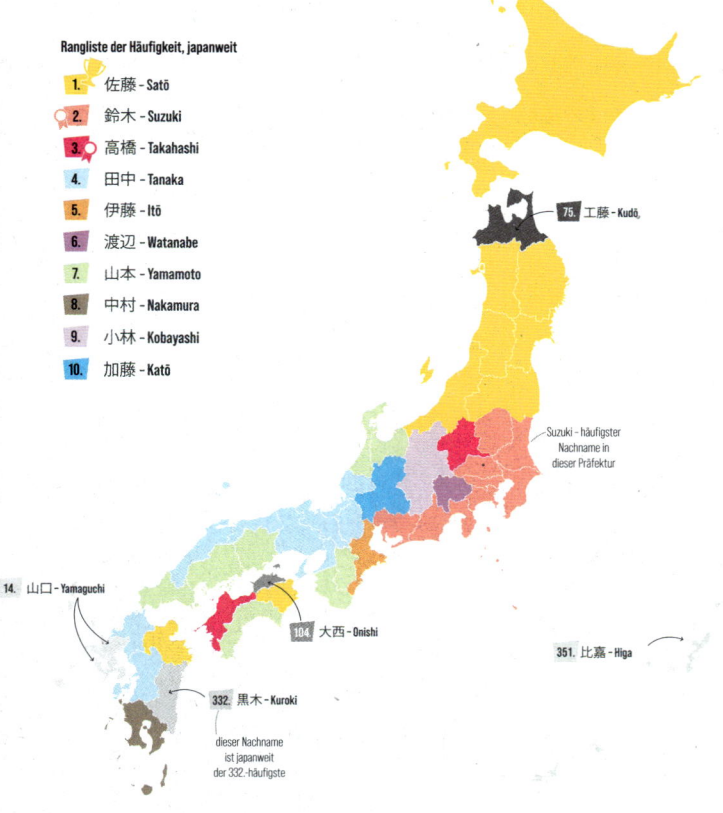

Rangliste der Häufigkeit, japanweit

1. 佐藤 - Satō
2. 鈴木 - Suzuki
3. 高橋 - Takahashi
4. 田中 - Tanaka
5. 伊藤 - Itō
6. 渡辺 - Watanabe
7. 山本 - Yamamoto
8. 中村 - Nakamura
9. 小林 - Kobayashi
10. 加藤 - Katō

75. 工藤 - Kudō

Suzuki - häufigster Nachname in dieser Präfektur

14. 山口 - Yamaguchi

104. 大西 - Onishi

351. 比嘉 - Higa

332. 黒木 - Kuroki

dieser Nachname ist japanweit der 332.-häufigste

So lang ist Chile

4.275 km

So gekrümmt ist Chile

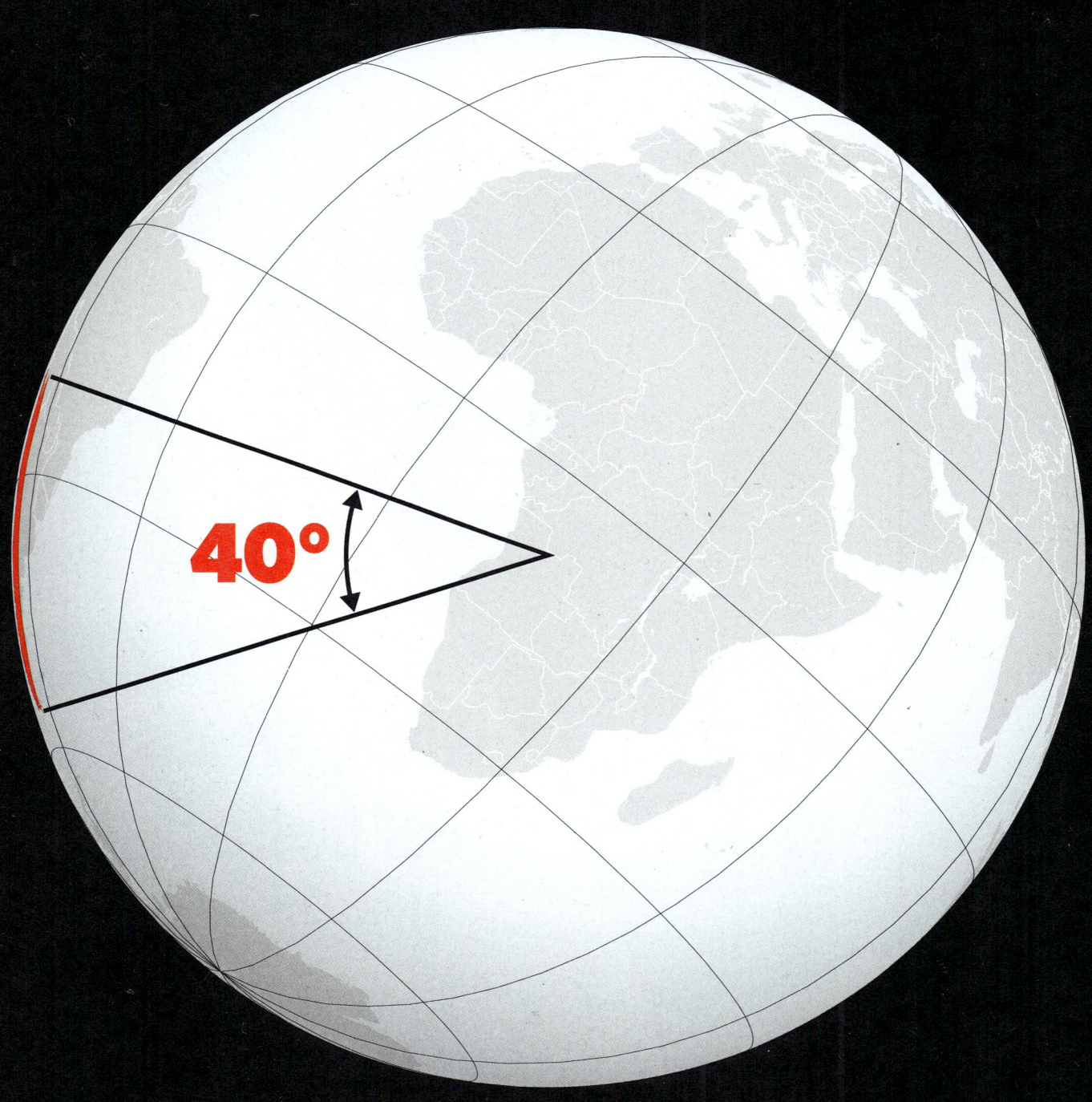

STUDIE

Wilder Westen ist der beste Ort für Ufo-Sichtungen

Studiendesign

Stil 🔍	quantitativ
Messzeitraum ⏳	Längsschnitt
Erhebung 🧪	vorhandene Daten
Veröffentlichung 📖	Fachzeitschrift

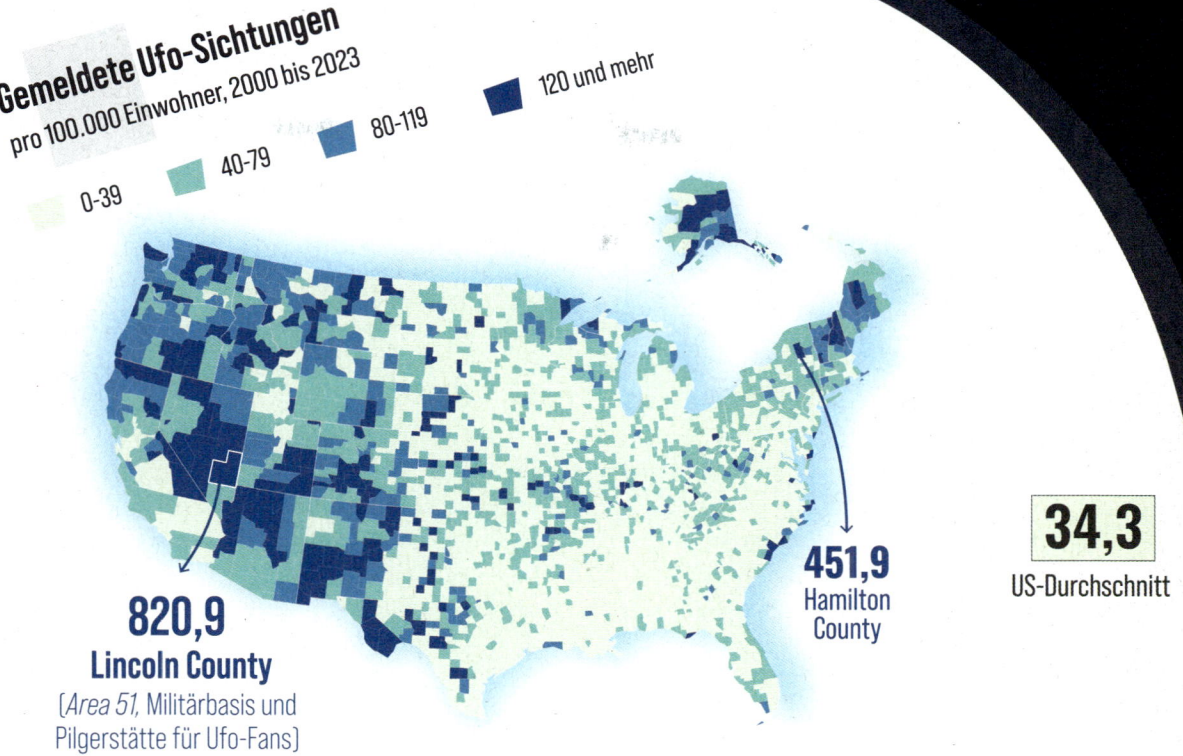

Gemeldete Ufo-Sichtungen
pro 100.000 Einwohner, 2000 bis 2023

0-39 | 40-79 | 80-119 | 120 und mehr

820,9
Lincoln County
(*Area 51*, Militärbasis und
Pilgerstätte für Ufo-Fans)

451,9
Hamilton
County

34,3
US-Durchschnitt

Studie: „An environmental analysis of public UAP sightings and sky view potential" von R. M. Medina, S. C. Brewer und S. M. Kirkpatrick (Dezember 2023)

Kurz: Die meisten nicht identifizierten Flugobjekte werden im amerikanischen Westen gesichtet. Oft handelt es sich dabei um Wetterballons oder auch den Planeten Venus.

Knapp 99.000 Sichtungen unbekannter Flugobjekte (Ufos) gab es im US-amerikanischen Luftraum zwischen 2001 und 2020 – im Durchschnitt 14 pro Tag. Eine neue Studie unter der Leitung von Geografen der Universität von Utah hat sich nun der Frage gewidmet, ob örtliche Gegebenheiten die Zahl der Sichtungsmeldungen erhöhen oder verringern. Die Forschenden bezogen zwei Faktoren in ihre Untersuchungen ein: erstens die freie Sicht auf den Himmel, bei der sie unter anderem die Lichtverschmutzung, die Wolkenbedeckung und die Vegetation miteinbezogen. Und zweitens die Nähe zu Flughäfen und militärischen Einrichtungen.

Die Ergebnisse der Studie zeigen: Die meisten Sichtungen gab es im Westen und im äußersten Nordosten der USA. Kein Wunder, zeichnet sich der »Wilde Westen« doch durch weite Flächen und einen dunklen Nachthimmel aus. Außerdem gibt es in diesen Gebieten eine ausgeprägte Outdoor-Gemeinschaft – Menschen, die viel draußen sind und in den Himmel schauen. Besonders viele Sichtungen gab es in der Nähe von Flughäfen und Militärbasen. Flugzeuge oder Wetterballons werden oft für geheimnisvol-

le Flugobjekte gehalten. Eine weitere Erklärung für vermeintliche Ufo-Sichtungen sind natürliche Phänomene. Beispielsweise wird die Venus oft mit einem Ufo verwechselt.

Die Forschenden betonen jedoch, dass die Ergebnisse mit Vorsicht betrachtet werden müssen. Da es sich bei den ausgewerteten Daten um Selbstauskünfte handelt, war es ihnen unmöglich, Fake-Berichte von echten Sichtungen zu unterscheiden. Allerdings deuten die eindeutig erkennbaren geografischen Muster darauf hin, dass die Daten verlässlich sind.

FRAGMENTE

Erde dreht sich langsamer

Die Erde dreht sich in knapp 24 Stunden einmal um die eigene Achse, dadurch entsteht der Tag-und-Nacht-Rhythmus. Ganz so einfach ist es jedoch nicht: Die Erde ist keine perfekte Kugel, sondern hat eher die Form einer Kartoffel und dreht sich deshalb nicht gleichmäßig.

Das ist kein neues Phänomen für die Wissenschaft. Bereits seit 1972 werden aus diesem Grund regelmäßig Schaltsekunden in die Zeitrechnung eingebaut oder davon abgezogen. Nun bringt der Klimawandel die Berechnungen jedoch aus dem Gleichgewicht. Durch die Erderwärmung schmilzt das Eis an den Polen. Die enormen Wassermassen, die dabei freigesetzt werden, verteilen sich in den Weltmeeren. Das Resultat dieser massiven Gewichtsumverteilung: Die Erdrotation verlangsamt sich.

Wahrscheinlich muss dadurch erst im Jahr 2029 eine Sekunde von der Zeitrechnung abgezogen werden, statt wie ursprünglich angenommen bereits 2026. Ab 2035 soll die Schaltsekunde übrigens von einer Schaltminute ersetzt werden, die etwa einmal pro Jahrhundert dafür sorgt, dass die Atomuhren wieder mit der Erdrotation synchronisiert werden. ⬩

Artikel gegen Paywall liegt hinter Paywall

Richard Stengel schreibt im *Atlantic*, dass die Demokratie hinter der Paywall stirbt. Der Witz: Der Artikel selbst war anfänglich auch hinter der Paywall, ist nun aber frei zugänglich. Inhalt des Artikels: 75 Prozent der größten amerikanischen Zeitungen und Magazine sind hinter Paywalls. Das sind Bezahlschranken, bevor man einen Artikel lesen kann. Und: 80 Prozent der Lesenden zahlen nicht und versuchen den Inhalt eines Artikels auf andere Weise zu finden. Die Pointe: Genau diese Leute weichen dann auf Internetseiten mit einseitigen oder falschen Inhalten aus. Deshalb fordert Stengel: Im Vorfeld der diesjährigen Wahlen sollten Medien generell auf ihre Bezahlschranken verzichten. Denn Demokratie gibt es nur ohne Paywall. ⬩

Die 5 größten Livekonzerte aller Zeiten

nach Besuchern, in Millionen

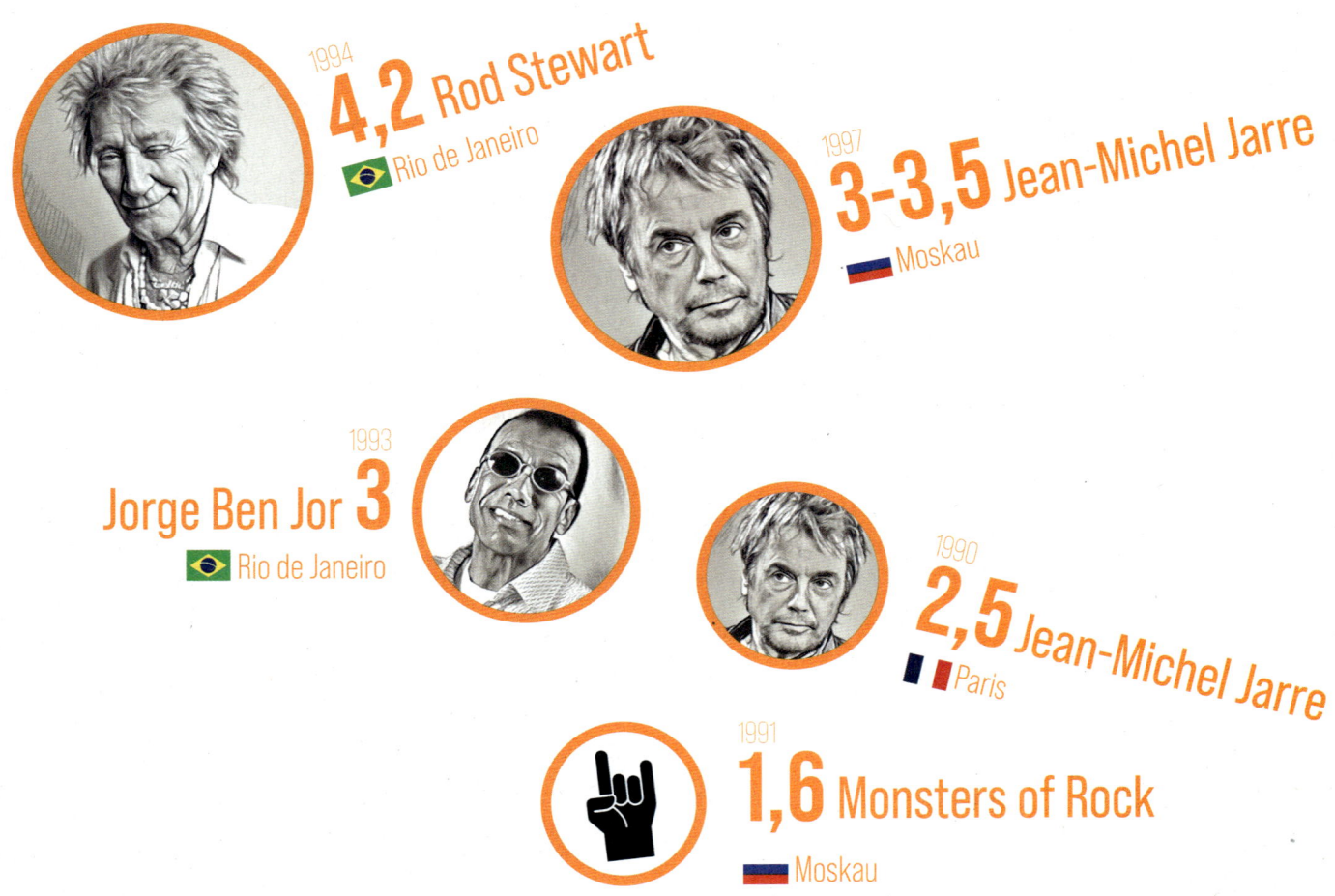

1994 **4,2** Rod Stewart
🇧🇷 Rio de Janeiro

1997 **3-3,5** Jean-Michel Jarre
🇷🇺 Moskau

1993 Jorge Ben Jor **3**
🇧🇷 Rio de Janeiro

1990 **2,5** Jean-Michel Jarre
🇫🇷 Paris

1991 **1,6** Monsters of Rock
🇷🇺 Moskau

HIRNFORSCHUNG

Livemusik berührt mehr als aufgezeichnete Lieder

Musik löst Emotionen aus, sowohl positive als auch negative. Das ist in den Neurowissenschaften schon lange bekannt. Neu ist die Erkenntnis, dass Livemusik eine stärkere Wirkung auf das Gehirn hat als gestreamte Lieder. Wissenschaftler:innen der Universitäten Zürich und Oslo haben die Gehirnaktivität von Proband:innen untersucht, während diese die gleichen Songs einmal live am Klavier und einmal abgespielt hörten. Bei der Live-Variante bekam der Pianist eine Rückmeldung über die – in Echtzeit gemessene – Gehirnaktivität der Hörenden und konnte daraufhin sein Klavierspiel anpassen und intensivieren – ähnlich wie Sänger:innen bei Livekonzerten auf das Publikum reagieren. Die Hirnaktivität der Testpersonen war bei den live gespielten Songs höher als bei den abgespielten Liedern. Die Wissenschaftler:innen machen das Zusammenspiel zwischen Pianist und Proband:in beziehungsweise zwischen Publikum und Künstler:innen dafür verantwortlich, dass Livemusik verstärkt Gehirnareale aktiviert, die an der Emotionsverarbeitung beteiligt sind. ♪

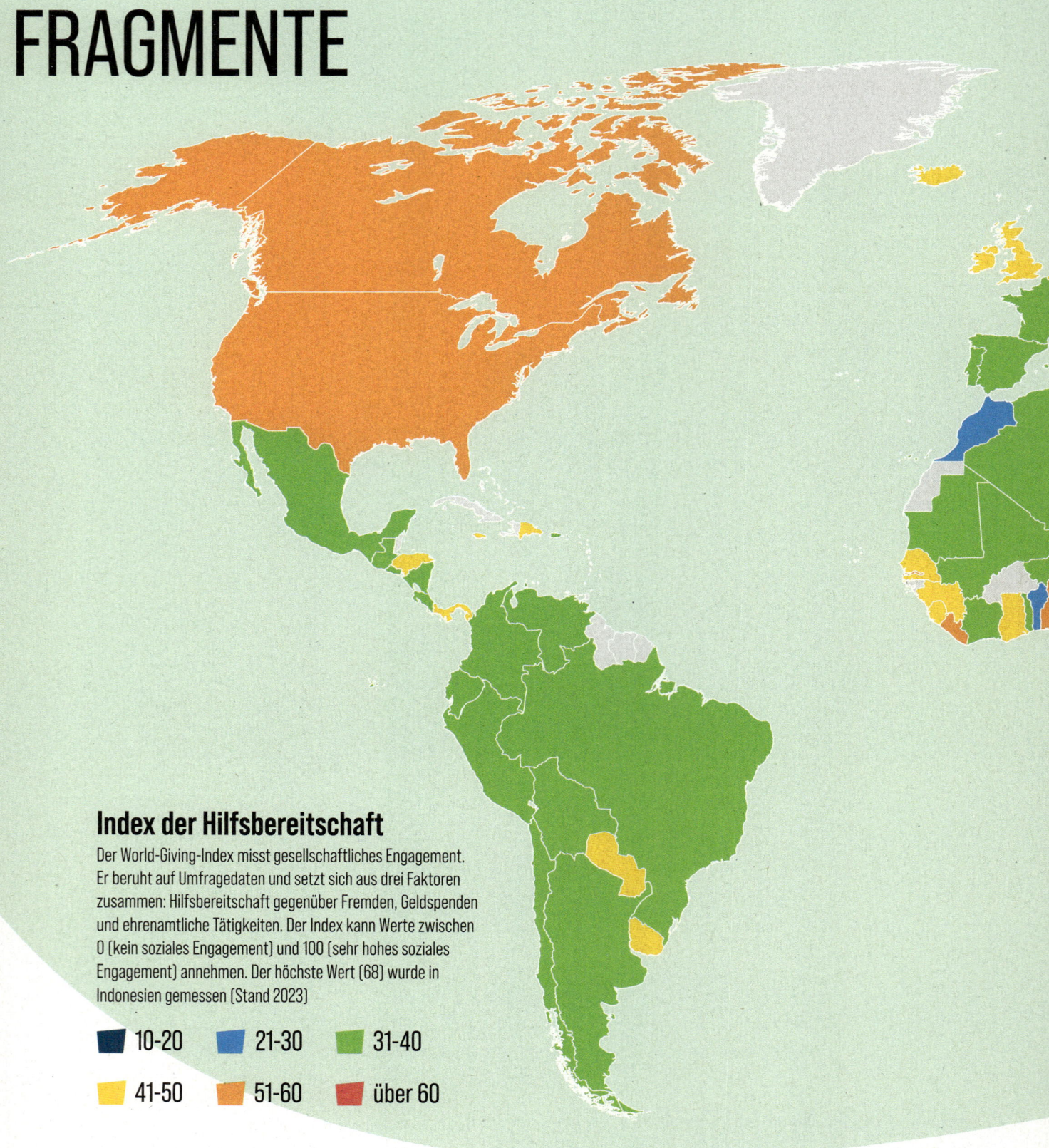

Index der Hilfsbereitschaft

Der World-Giving-Index misst gesellschaftliches Engagement. Er beruht auf Umfragedaten und setzt sich aus drei Faktoren zusammen: Hilfsbereitschaft gegenüber Fremden, Geldspenden und ehrenamtliche Tätigkeiten. Der Index kann Werte zwischen 0 (kein soziales Engagement) und 100 (sehr hohes soziales Engagement) annehmen. Der höchste Wert (68) wurde in Indonesien gemessen (Stand 2023)

■ 10-20	■ 21-30	■ 31-40
■ 41-50	■ 51-60	■ über 60

PSYCHOLOGIE

Empathie kann man lernen

Menschen sind entweder von Kindheit an empathisch und fürsorglich oder aber ihnen fehlt einfach das Gen dafür. Dieser Glaubenssatz hält sich hartnäckig – ist aber falsch, denn die Fähigkeit, sich in andere Personen hineinzuversetzen, ist erlernbar. Das zeigen vier Studien des Uniklinikums Würzburg, in denen das Einfühlungsvermögen von weiblichen Versuchspersonen untersucht wurde. In allen vier Experimenten

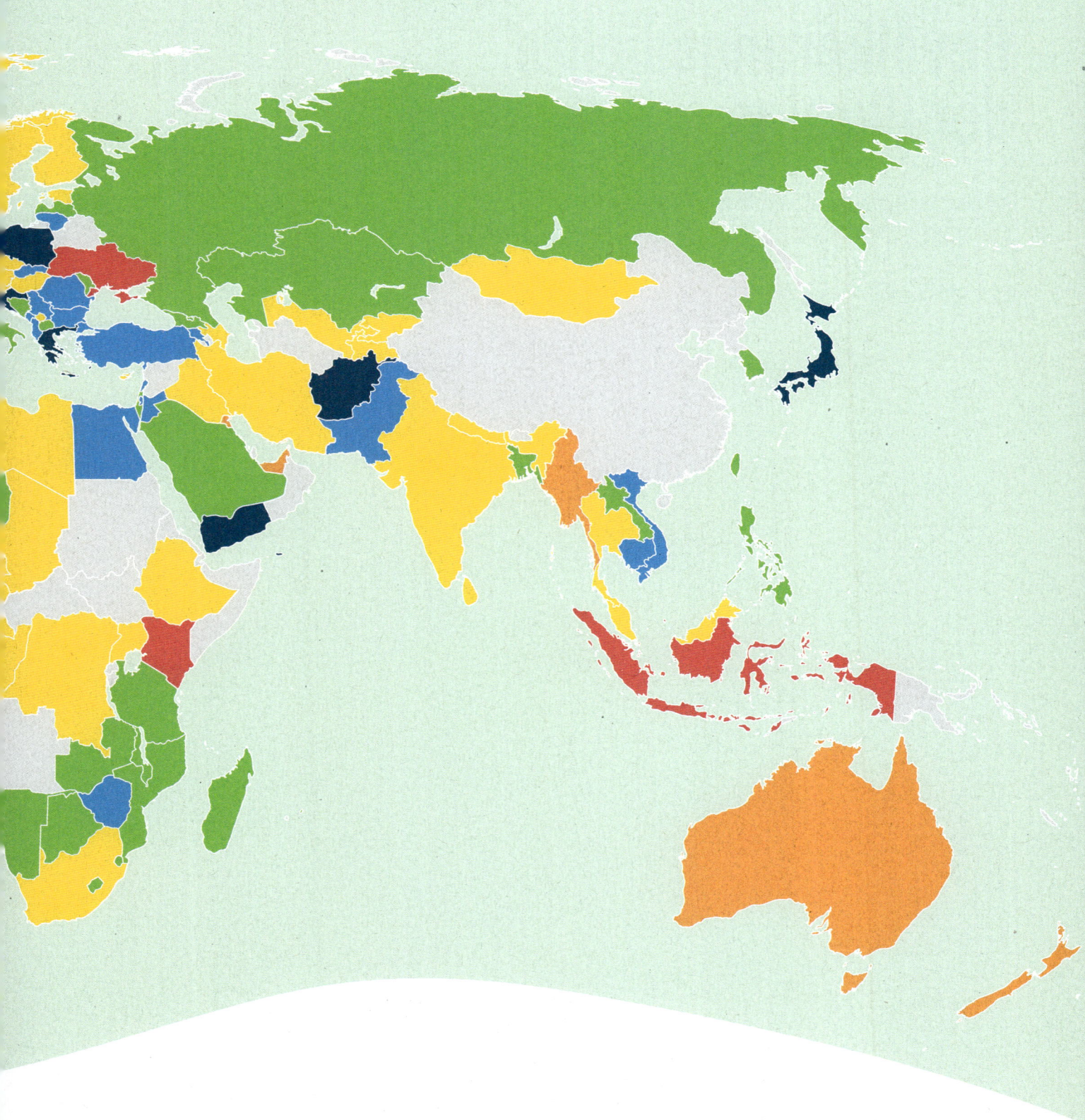

schauten die Teilnehmerinnen Videos, in denen einer Person schmerzvolle Reize zugefügt wurden. Anschließend wurde einem Teil der Frauen eine sehr empathische Reaktion auf das abgespielte Video gezeigt. Die restlichen Probandinnen sahen eine unempathische Reaktion. Zum Schluss wurden die Frauen gefragt, wie sie sich selbst fühlten: Die Skala reichte von »ich fühle gar nichts« bis hin zu »ich fühle mich sehr schlecht«.

Das Ergebnis: Beobachteten die Frauen mitfühlendes Verhalten, fühlten sie den Schmerz ebenfalls stärker. Sahen sie hingegen eine unempathische Reaktion, so fühlten sie auch weniger mit der »geschädigten« Person mit. Erwachsene können also durch Beobachtung Empathie lernen – auch von Fremden. Andersherum heißt das aber auch: Mitfühlendes Verhalten kann verlernt werden, wenn das Umfeld selbst unempathisch ist. ◆

Bevölkerungsdichte der Ukraine

Je höher die Spitze, desto mehr Menschen leben
in dem betreffenden Gebiet.

gering  hoch

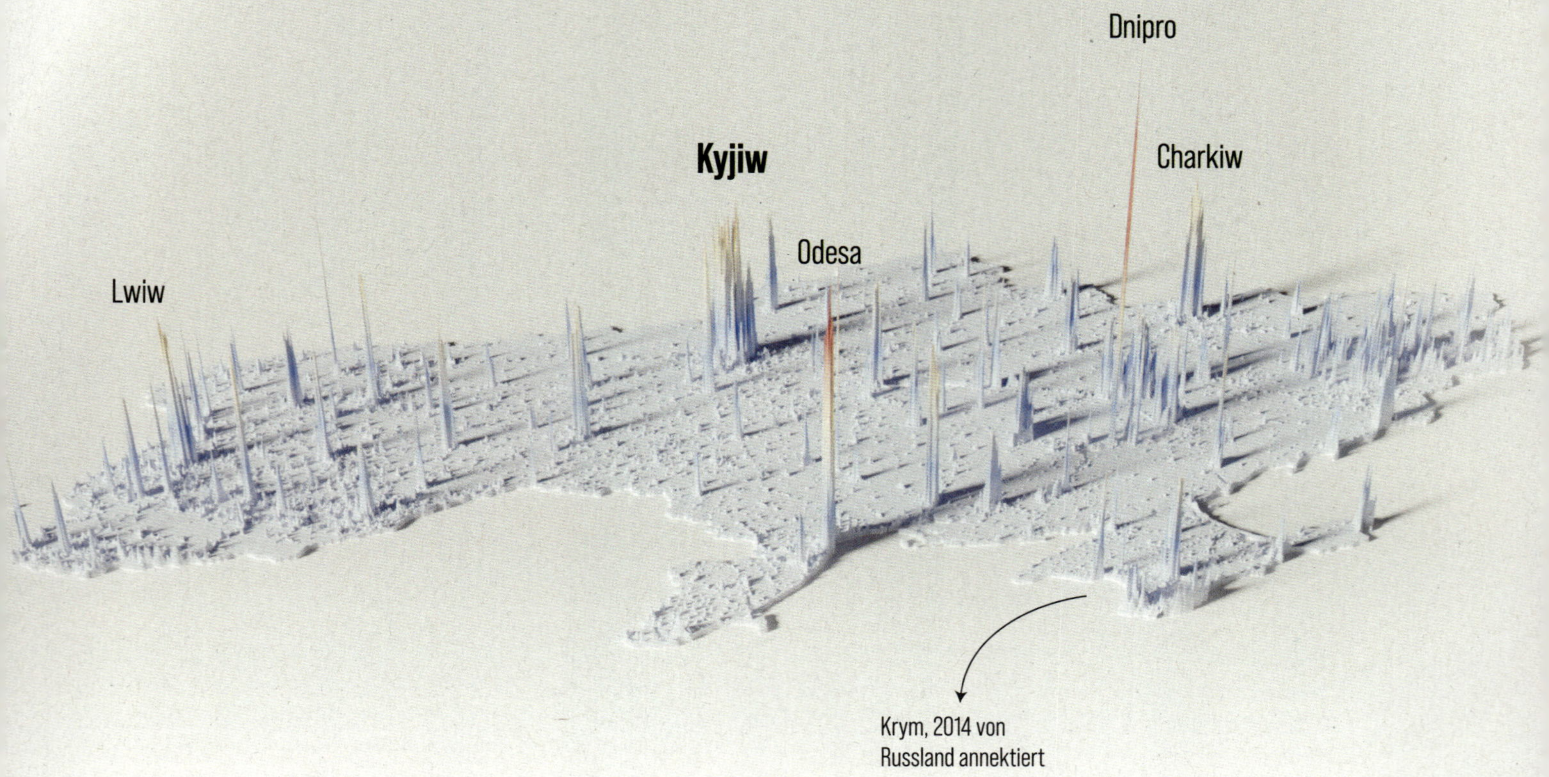

Dnipro

Kyjiw

Charkiw

Odesa

Lwiw

Krym, 2014 von
Russland annektiert

Bevölkerungsdichte der USA

Je höher die Spitze, desto mehr Menschen leben in dem betreffenden Gebiet.

niedrig ▬▬▬▬ hoch

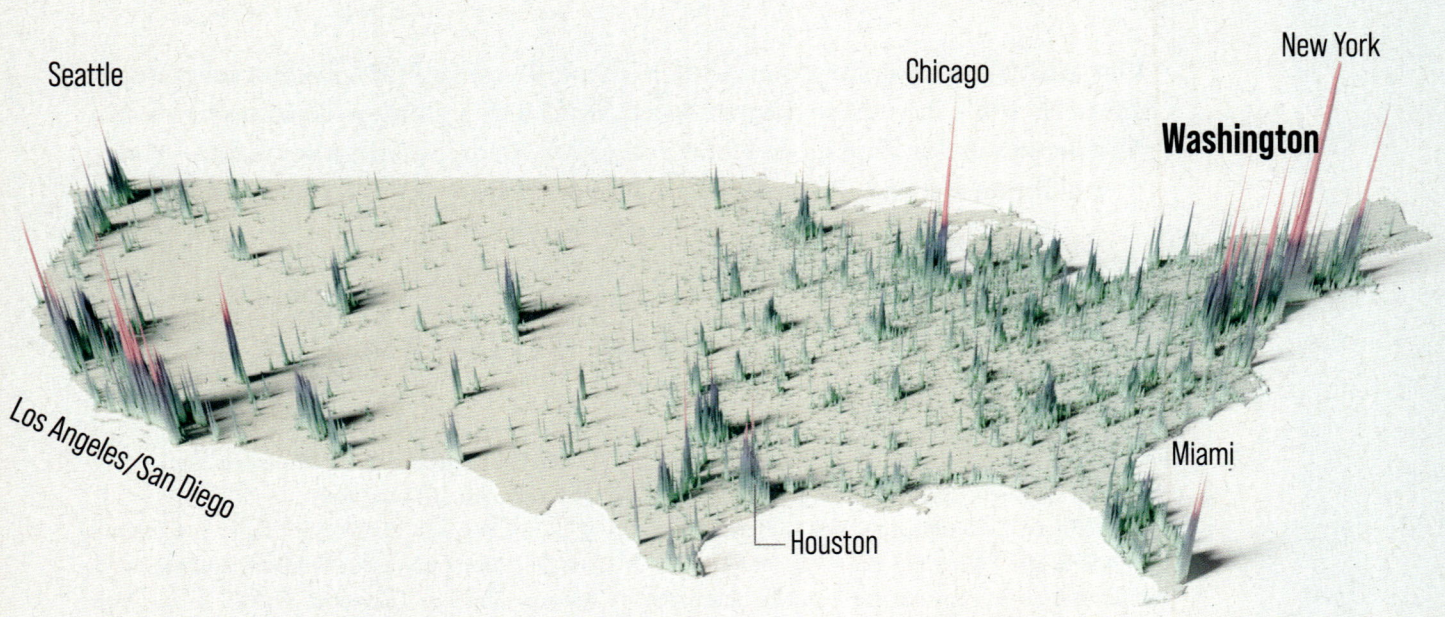

Seattle

Chicago

New York

Washington

Los Angeles/San Diego

Houston

Miami

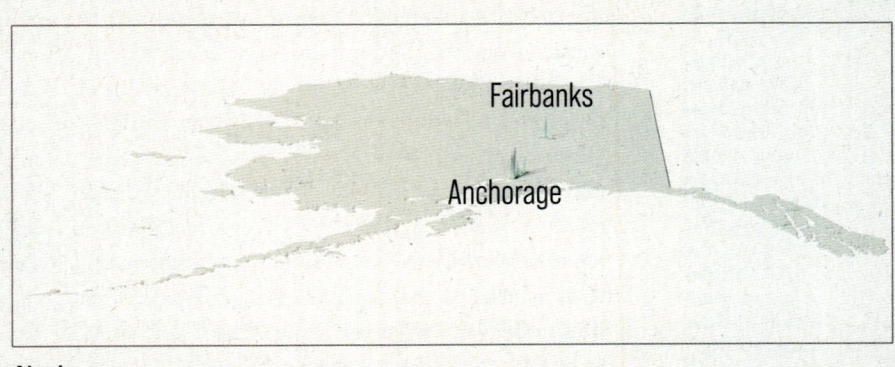

Fairbanks

Anchorage

Alaska

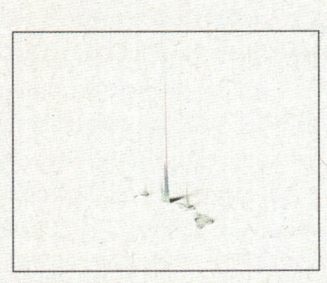

Hawaii

Die Tuskegee-Syphilis-Studie

Vier Jahrzehnte lang forschen Ärzte in den USA an syphiliskranken schwarzen Männern, ohne dass diese davon wissen. Über den gesamten Zeitraum wird den Testpersonen der Zugang zu lebensrettenden Medikamenten verwehrt – viele von ihnen sterben. Wissenschaftlich bedeutsam war das Experiment nie, trotzdem hallen seine Folgen bis heute nach.

VON STEFANIE MALLEIER

(1) Lenk, Christian: Unethische Forschung und gute wissenschaftliche Praxis, in: Lenk, Christian; Duttge, Gunnar; Fangerau, Heiner (Hg.): Handbuch Ethik und Recht der Forschung am Menschen, Berlin/Heidelberg 2014, S. 279-285, hier: S. 282; Arbeitskreis medizinischer Ethik-Kommissionen (Hg.): Vom Antrag zur Entscheidung, auf: akek.de.

(2) Doppelfeld, Elmar: Ethikkommission, in: Lenk/Duttge/Fangerau 2014, S. 141-144, hier: S. 141.

KATAPULT stellt Studien vor. Aktuelle Studien, amüsante Studien, Studien mit überraschenden und wichtigen Erkenntnissen. Von diesen Studien haben jene, die Menschen zum Forschungsgegenstand haben, eines gemeinsam: Damit sie überhaupt durchgeführt werden können, müssen sie sich an ethische Leitlinien, etwa im Sinne der Deklaration von Helsinki, und Gesetze, die die Forschung am Menschen regulieren, halten.[1] Humanexperimente werden von Ethikkommissionen auf ihre wissenschaftliche Qualität, die rechtliche Zulässigkeit und die ethische Vertretbarkeit geprüft.[2] Dadurch sollen Gesundheit und Würde von Forschungsteilnehmern geschützt werden. In der Geschichte wurden nämlich immer wieder fragwürdige, gefährliche, unethische und menschenverachtende Experimente an Menschen durchgeführt. Einige davon hatten wenig oder keinen Nutzen für die Forschung, andere haben – trotz fragwürdiger Methoden – zu wissenschaftlichen Erkenntnissen geführt, auf die Forschende noch heute zurückgreifen. KATAPULT stellt nun auch solche »Horrorstudien« vor, denn als Teil der Medizingeschichte stellen sie die Forschung kritisch infrage und verdeutlichen das Spannungsfeld zwischen Ethik und Wissenschaft.

Versuchskaninchen gesucht: männlich, schwarz, arm, bildungsfern

1932 initiiert der Mediziner Hugh S. Cumming eine Jahrzehnte während Beobachtungsstudie, die *Tuskegee Study of Untreated Syphilis in the Negro Male*.[3] Cumming ist außerdem Surgeon General der USA, zu der Zeit der Leiter des öffentlichen Gesundheitsdienstes. Das Ziel seiner Studie: den natürlichen und damals häufig tödlichen Verlauf der unbehandelten Syphilis bei schwarzen Männern zu untersuchen. Denn es wird zu jener Zeit davon ausgegangen, dass sich die Krankheit bei schwarzen und weißen Menschen unterscheidet. Bei Weißen sollen Gehirn und Nervensystem betroffen sein, bei Schwarzen hingegen eher die Herzkranzgefäße. Die Begründung: Das Gehirn schwarzer Menschen sei zu schwach ausgebildet.[4] Übrigens ist nicht nur Studieninitiator Cummings Eugeniker, auch die ersten Studienleiter Taliaferro Clark und Raymond A. Vonderlehr hatten einen Abschluss in Rassenkunde.[5]

Ort der Untersuchung: die Kleinstadt Tuskegee in Macon County, Alabama. In dem Landkreis leben zu dem Zeitpunkt 27.000 Menschen, 82 Prozent davon Afroamerikaner. Viele von ih-

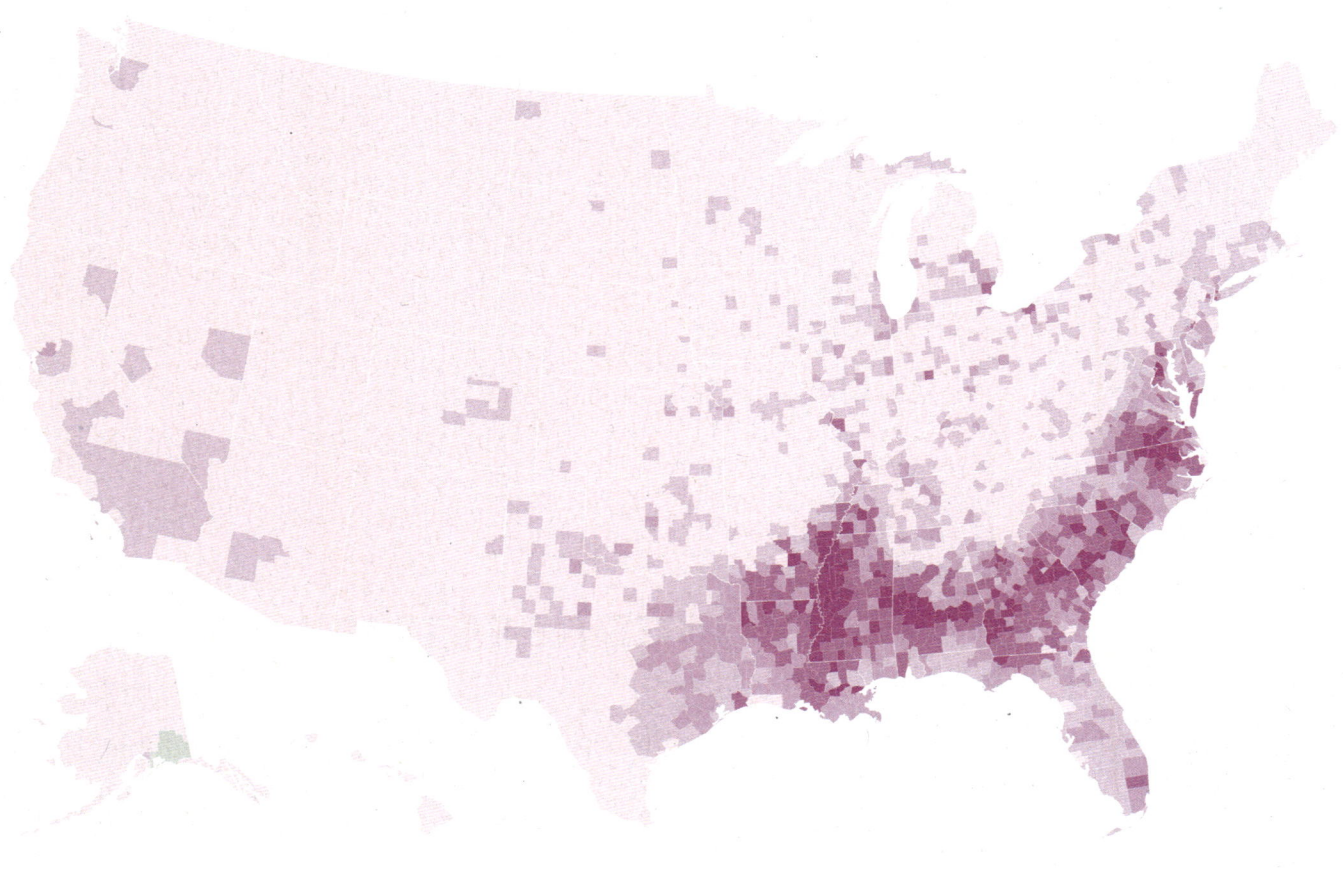

Anteil von People of Color an der Bevölkerung
2021, in Prozent

bis 5   bis 14   bis 28   über 28

nen sind Landarbeiter – von Armut bedroht und aus bildungsfernen Schichten.[6] Die perfekten Voraussetzungen für das Anwerben menschlicher Versuchskaninchen – unter dem Deckmantel des United States Public Health Service (PHS) – der wichtigsten staatlichen Einrichtung der USA, die für den Schutz der Gesundheit aller Menschen im Land zuständig ist.

Mithilfe von Flugblättern werden die potenziellen Studienteilnehmer angelockt. Ihnen werden kostenlose Bluttests, kostenlose Behandlungen gegen *bad blood* und eine kostenlose warme Mahlzeit durch das Gesundheitsamt versprochen. *Bad blood* – schlechtes Blut – wird von den Menschen vor Ort als Sammelbegriff für eine Vielzahl an Krankheiten

verwendet, von Müdigkeit über Anämie (Mangel an roten Blutkörperchen) bis hin zu Syphilis. Ein nichtssagender Begriff als Teil eines Experiments, das nur mit Nichtssagen funktioniert. Hunderte von Männern – alle schwarz, viele arm und Analphabeten – melden sich freiwillig, 399 mit Syphilis Infizierte werden in die Studie aufgenommen. Für sie ist es eine einmalige Gelegenheit, Zugang zu medizinischer Versorgung zu erhalten. Was ihnen nicht gesagt wird: dass sie an Syphilis leiden und dass sie an einem geheimen Experiment teilnehmen, das den Verlauf dieser Geschlechtskrankheit untersucht. Was ihnen auch nie gesagt wird: dass die Medikamente, die sie bekommen, wirkungslos sind. Und: dass sie tot genauso wertvoll für die

(3) Lombardo, Paul; Dorr, Gregory: Eugenics, medical education, and the Public Health Service: Another perspective on the Tuskegee syphilis experiment, in: Bulletin of The History of Medicine, 80(2) 2006, S. 291-316.

(4) Lutteroth, Johanna: Todesstudie von Tuskegee, auf: spiegel.de (7.6.2012).

(5) Lombardo/ Dorr 2006, S. 291-316; (o. V.): Doctors Involved, auf: tuskegeesyphilisexperimentt. weebly.com.

(6) Tobin, Martin: Fiftieth Anniversary of Uncovering the Tuskegee Syphilis Study: The Story and Timeless Lessons, in: American Journal of Respiratory and Critical Care Medicine, (205)2022, Nr. 10, auf: atsjournals. org.

(7) Brown, DeNeen: ›You've got bad blood‹: The horror of the Tuskegee syphilis experiment, auf: washingtonpost. com (16.5.2017).

(8) Jones, James H.: Bad blood: the Tuskegee syphilis experiment, New York 1981, S. 5.

Studie sind wie lebendig.[7] Immerhin bekommen die Angehörigen der Verstorbenen Geld für ihre Beerdigung. 50 Dollar – so viel ist den Ärzten das Leben der Männer wert.

Neben den 399 an Syphilis Erkrankten nehmen auch 201 gesunde schwarze Männer an der Studie teil, sie dienen als Kontrollgruppe. Die Probanden werden vorsätzlich im Ungewissen gelassen. Sie denken, dass sie gegen weniger schwere Krankheiten behandelt werden. Charles Pollard, ein Studienteilnehmer, erzählt später in einem Interview, dass er bei seinem ersten Arztbesuch gründlich untersucht wurde. Die Diagnose: »Bad blood.« Bei jeder weiteren Visite und auf Nachfrage wird ihm immer wieder dasselbe gesagt: Er habe schlechtes Blut. Die Ärzte verschweigen die Wahrheit hinter seinen Leiden.[8]

Das Ende der Syphilis – aber nicht für alle

Als mit der Studie Anfang der Dreißigerjahre begonnen wird, gibt es keine bewährten Behandlungsmethoden für Syphilis. Es gibt nur ein Medikament: das sogenannte Chemotherapeutikum Salvarsan. Hochgiftig, führt es nicht selten zu schwerwiegenden oder sogar tödlichen Nebenwirkungen. Die unsicheren Heilungschancen liefern den beteiligten Ärzten eine bequeme Ausrede, weshalb sie die Probanden nicht über ihre Behandlungsmethoden aufklären. Allerdings ist diese Begründung nicht mehr haltbar, als in den Vierzigerjahren flächendeckend Penicillin zur Bekämpfung von Syphilis eingesetzt wird. 1945 richten die US-Gesundheitsbehörden sogenannte Schnellbehandlungszentren ein, um Menschen von Syphilis zu heilen – mit einer Ausnahme: die Männer der Tuskegee-Studie.[9] Sie werden aktiv von den lebensrettenden Medikamenten ferngehalten. Eine bedeutende Rolle spielt dabei Eunice Rivers, eine schwarze Krankenschwester. Sie ist das Bindeglied zwischen den weißen Ärzten und den schwarzen Studienteilnehmern, sie baut Vertrauen auf – und missbraucht dieses Vertrauen. »Er nimmt an der Studie teil, er darf nicht behandelt werden« – mit diesem Satz besiegelt sie das Schicksal der Kranken.[10]

Die Studie läuft über vier Jahrzehnte. Die Lebenserwartung der erkrankten Männer wird dadurch schätzungsweise um 20 Prozent gemindert. Rund 100 Studienteilnehmer sterben im Verlauf der Studie an der Krankheit.[11] Fast 40 Jahre lang erfährt das Experiment keinen Gegenwind. Obwohl die Ergebnisse in medizinischen Fachzeitschriften veröf-

> Die menschenverachtende, rassistisch motivierte Studie wurde als Schlüsselfaktor für das Misstrauen identifiziert, das People of Color auch heute noch gegenüber dem Gesundheitswesen hegen

Durchschnittliche Lebenserwartung der Probanden

in Jahren

65

70

Syphiliskranke **Kontrollgruppe**

Versuchsteilnehmer der Tuskegee-Syphilis-Studie

1932-1972

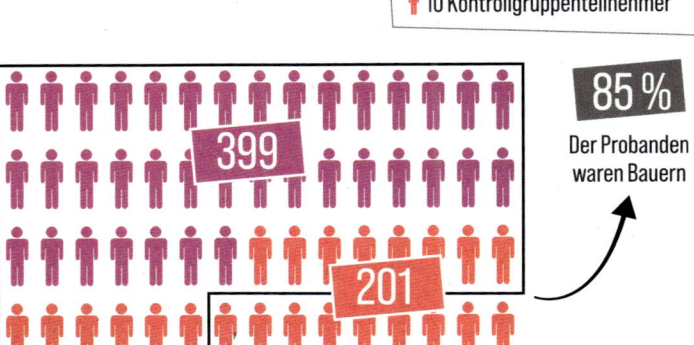

👤 10 Syphiliskranke
👤 10 Kontrollgruppenteilnehmer

399

201

85 %
Der Probanden
waren Bauern

Schulische Bildung der Versuchsteilnehmer

Anteil in Prozent

keine   Klasse 1-6   Klasse 7-12

Hochschule

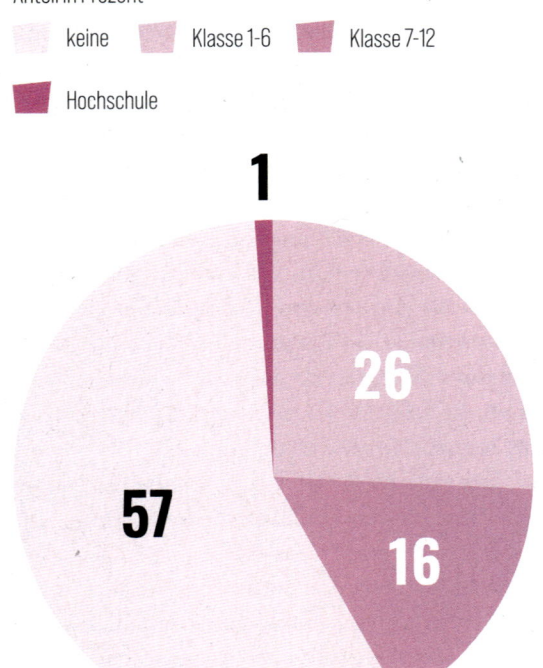

1

26

16

57

---

fentlicht werden, kritisiert niemand die menschen-unwürdigen Methoden. Erst 1966 gerät die Studie ins Visier, als Peter Buxtun, ein PHS-Mitarbeiter, sich in einem Schreiben schockiert über die frag-würdige Ethik der Studie äußert. Die Behörde ignoriert seine Bedenken. Doch Buxtun lässt es darauf nicht beruhen und gibt Informationen über das Experiment an eine Journalistin weiter – der

Anfang vom Ende der Tuskegee-Syphilis-Studie. Am 26. Juli 1972 veröffentlicht Jean Heller, Repor-terin bei der *Associated Press*, die Wahrheit über den Menschenversuch. Der Bericht schafft es auf die Titelseite der *New York Times* und sorgt lan-desweit für Entsetzen. Wenige Monate später wird die Studie offiziell beendet.[12] Der Grund: Sie sei ethisch nicht vertretbar. Der Abschlussbericht des

(9) Brown 2017.

(10) Jones 1981, S. 6.

Beratungsgremiums der Tuskegee-Syphilis-Studie hält fest: Die Ergebnisse seien unverhältnismäßig im Vergleich zu den Risiken für die beteiligten Personen.[13]

Die Langzeitfolgen der Studie

Was geschieht nach dem Ende des Versuchs? Seit 1973 sorgt das *Tuskegee Health Benefit Program* für die notwendige medizinische Versorgung der Überlebenden der Studie, ihrer Ehefrauen, der Witwen der Verstorbenen und ihrer Kinder.[14] Im selben Jahr landete der Fall vor Gericht. Der Anwalt Fred Gray, der bereits die schwarze Bürgerrechtlerin Rosa Parks aus Tuskegee vertreten hatte, reicht im Namen der Studienteilnehmer eine Sammelklage ein. Er erstreitet eine außergerichtliche Einigung über zehn Millionen Dollar für die Probanden und ihre Familien. Ein Jahr später verabschiedet der Kongress den National Research Act, der die Ausbeutung von Menschen in der Forschung fortan verhindern soll.[15] 1997 entschuldigt sich Präsident Bill Clinton offiziell bei den wenigen Überlebenden. In seiner Rede betont er, die Erinnerung an diesen »beschämenden« Abschnitt der amerikanischen Geschichte sei der Schlüssel zur Wiedergutmachung und einer besseren Gegenwart und Zukunft.[16]

Für viele Menschen ist die Erinnerung jedoch auch eine Bürde. Die menschenverachtende, rassistisch motivierte Studie wurde als Schlüsselfaktor für das Misstrauen identifiziert, das People of Color auch heute noch gegenüber dem Gesundheitswesen hegen. Das Resultat: eine unzureichende Inanspruchnahme der öffentlichen Gesundheitsdienste, eine geringe Beteiligung an klinischen Forschungen und Skepsis gegenüber Impfungen.[17] Indirekt wirkt sich die Tuskegee-Studie also nach wie vor auf die afroamerikanische Bevölkerung der USA aus. Sie beeinflusst noch immer die Gleichberechtigung im Gesundheitssektor.

Zusammengefasst hat diese Horrorstudie vor allem durch ihre Verstöße gegen ethische Grundsätze und die darauf folgenden Reformen in der Forschungsethik historische Bedeutung erlangt. Wissenschaftlich war die Studie weitgehend wertlos. ♥

(11) Lenk 2014, S. 279-285, hier: S. 281.

(12) Brown 2017.

(13) Centers for Disease Control and Prevention (Hg.): Timeline, auf: cdc.gov (5.12.2022).

(14) Ebd.

(15) Brown 2017.

(16) The White House, Office of the Press Secretary: Apology For Study Done in Tuskegee, auf: clintonwhitehouse4.archives.gov (16.5.1997).

(17) Hou, Xiaolong u.a.: The Lasting Impact of the Tuskegee Syphilis Study: COVID-19 Vaccination Hesitation among African Americans, in: GLO Discussion Paper, 2024, Nr. 1397.

STEFANIE MALLEIER
KATAPULT

Trock'ne Zahlen

Deutsche, die 2023 auf ein Spenderorgan
gewartet haben

13.498

Deutsche, die 2023 Organe gespendet haben

965

Quelle: organspende-info.de

Aus zu wenig wird zu viel

Studie: „Eating Habits, Food Consumption, and Health: The Role of Early Life Experiences" von Effrosyni Adamopoulou, Elisabetta Olivieri und Eleftheria Triviza (November 2023)

Kurz: Menschen, die in Kriegszeiten unter einem Mangel an fleischlicher Kost litten, überkompensieren diesen ein Leben lang – mit negativen gesundheitlichen Folgen. Vor allem Frauen sind betroffen.

Hatten Menschen während des Zweiten Weltkriegs nicht genug zu essen und mangelte es ihnen insbesondere an Fleisch, prägt diese Erfahrung ihr Essverhalten ein Leben lang. Gerade bei Frauen. Sie konsumieren in ihrem späteren Leben viel Fleisch und geben mehr Geld für Lebensmittel aus. Die Folge der ungesunden Ernährung: Sie sind häufiger übergewichtig oder erkranken an Krebs. Kinder übernehmen die Essgewohnheiten der Eltern. Ein kurzfristiger Mangel während der Kindheit beeinflusst demnach die Gesundheit über die eigene Generation hinaus.

Das haben Forscherinnen vom Leibniz-Zentrum für Europäische Wirtschaftsforschung in Mannheim, der Universität Rotterdam und der Global Labour Organization herausgefunden. Sie werteten dafür historische und aktuelle Daten des italienischen Statistikamtes aus, darunter auch solche zur Ernährung im und nach dem Krieg. Der Datensatz umfasste 13.000 Menschen aus den Jahrgängen 1934 bis 1957.

Drei Faktoren waren für die Forscherinnen entscheidend, die Untersuchung in Italien durchzuführen: In dem südeuropäischen Land ging durch das Kriegsgeschehen erstens die Verfügbarkeit von Fleisch kurzzeitig stark zurück. Der Fleischkonsum pro Person sank zwischen 1941 und 1945 um 47 Prozent. Der Grund: Um die einmarschierten Soldaten zu versorgen, wurden viele Nutztiere geschlachtet. Doch bereits 1947 hatte der Fleischkonsum fast überall in Italien wieder das Vorkriegsniveau erreicht. Das belegen zweitens auch Daten zum Nutzviehbestand und Zahlen der geschlachteten Tiere nach Region und Provinz. Drittens hat

Italien heute eine der höchsten Adipositasraten bei Kindern in Europa. Die erlittenen Kriegserfahrungen bestimmen somit also auch die Ernährungsgewohnheiten nachfolgender Generationen, so die These.

Die Kontrollgruppe waren Menschen, die zwischen 1946 und 1957, also nach dem Zweiten Weltkrieg, geboren wurden und nicht unter Fleischmangel gelitten hatten. Die späteren Ernährungsgewohnheiten und ihre langfristigen Folgen beider Gruppen ermittelten die Wissenschaftlerinnen durch Befragungen und die Analyse medizinischer Daten.

Das Ergebnis: Ein zehnprozentiger Rückgang des örtlich verfügbaren Viehbestands in der Kindheit erhöht die Wahrscheinlichkeit, im Erwachsenenalter täglich Fleisch zu essen, um 1,3 Prozentpunkte. Besonders auffällig waren die Ergebnisse bei Frauen, die im Kleinkindalter einen Fleischmangel erfahren hatten. Die Forscherinnen werteten dafür Daten zum Durchschnittsgewicht von zweijährigen Kindern nach Geschlecht und Beruf der Eltern auf regionaler Ebene aus. So fanden sie heraus, dass zwischen 1942 und 1944 zweijährige Mädchen stärker als gleichaltrige Jungen an Gewicht verloren. Sehr deutlich wurde der Unterschied auf dem Land. Während Mädchen im Durchschnitt vier Prozent ihres Gewichts verloren, waren es bei Jungen nur 1,4 Prozent. Die Forscherinnen vermuten, dass Jungen bevorzugt wurden, wenn es etwas von dem knappen Fleisch gab. Zum Schluss betrachteten die Studienautorinnen die nachfolgende Generation im Alter zwischen 18 und 26 Jahren.

Fleischkonsum in Italien
pro Kopf, in Kilogramm

25

20

15

10

5

0

1938 1939 1940 1941 1942 1943 1944 1945 1946 1947 1948 1949

Sie konnten die These bestätigen, dass Kinder, deren Eltern während des Krieges zu wenig Fleisch zur Verfügung hatten, das Essverhalten übernahmen. Sie essen viel mehr und häufiger Fleisch. Die Unterschiede zwischen den Geschlechtern wirken bis heute nach: Frauen überkompensieren stärker und leiden eher unter den negativen gesundheitlichen Folgen wie Übergewicht. ◆

Studiendesign

Stil 🔍 quantitativ

Messzeitraum ⏳ Längsschnitt

Erhebung 🧪 vorhandene Daten

Veröffentlichung 📓 sonstige

Terrorattacken in Indien
nach Monaten, 1998-2017

 Anzahl der Terroranschläge ▬ Durchschnittstemperatur in °C

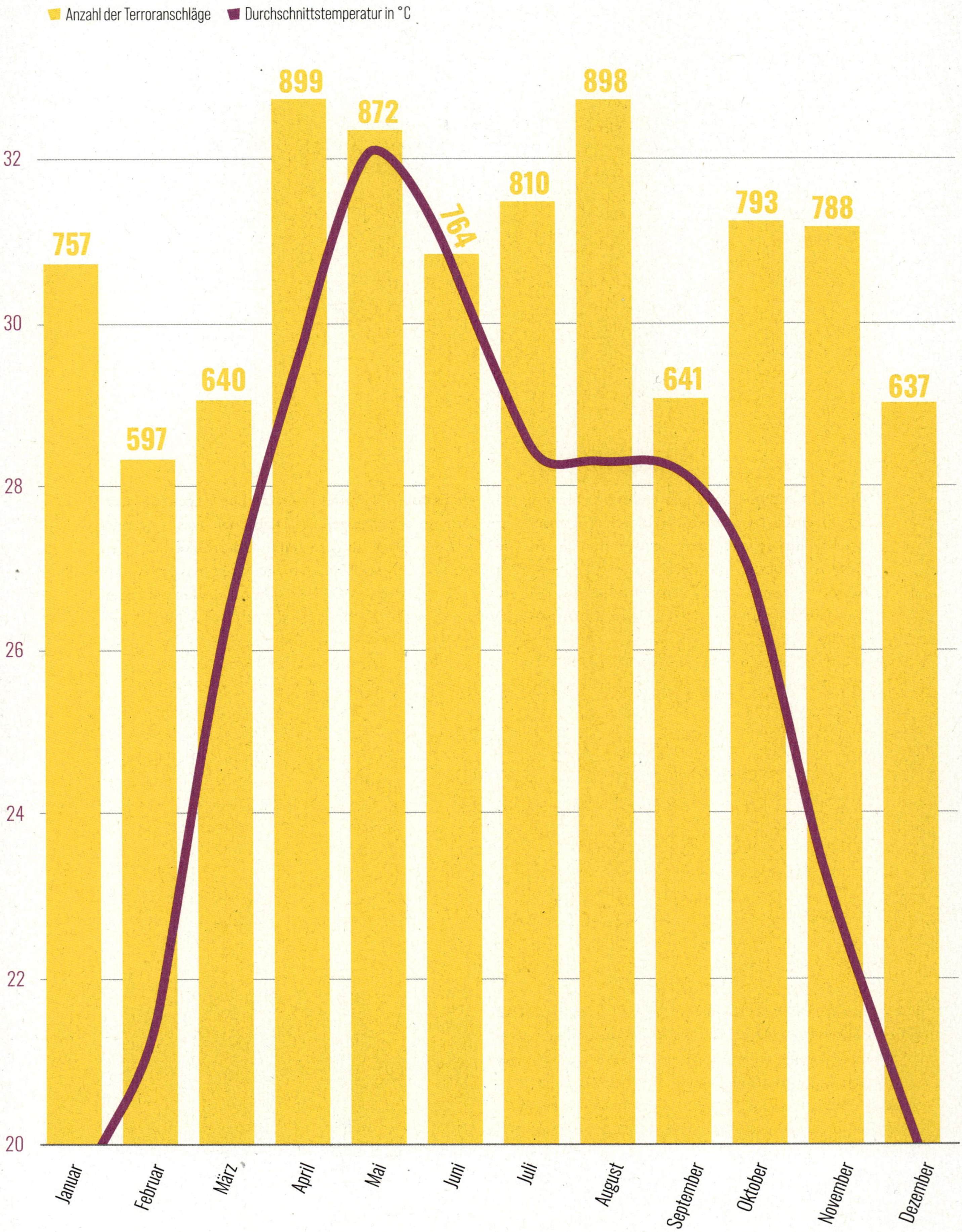

757	597	640	899	872	764	810	898	641	793	788	637

32

30

28

26

24

22

20

Januar · Februar · März · April · Mai · Juni · Juli · August · September · Oktober · November · Dezember

Klimawandel begünstigt Terrorismus

Studie: „Monsoon Marauders and Summer Violence: Exploring the Spatial Relationship between Climate Change and Terrorist Activity in India" von Jared R. Dmello und Christine H. Neudecker (Februar 2024)

Kurz: Terroristische Aktivitäten häufen sich in Gebieten, die von Klimawandel und Extremwetter betroffen sind.

Der Klimawandel kann die weltweite Sicherheitslage beeinflussen, indem er die Bedingungen für Terrorismus schafft. Extreme Wetterereignisse wie Dürren, Überschwemmungen und Hitzewellen führen nicht nur zu sozialen Unruhen und Gewalt. Auch Terrorgruppen können diese Ereignisse ausnutzen.

Jared Dmello von der australischen Universität Adelaide und Christine Neudecker von der Rutgers-Universität in New Jersey untersuchten Terroranschläge in Indien in einem Zeitraum von zwanzig Jahren. Tatsächlich zeigen sich Übereinstimmungen zwischen dem Auftreten extremer Wetterereignisse und terroristischen Aktivitäten in Gebieten wie Assam, Westbengalen oder Jammu und Kaschmir. Aus der *Global Terrorism Database* wurden Daten zu insgesamt 9.096 Anschlägen in Indien von 1998 bis 2017 verwendet. Die Datenbank liefert Informationen zu terroristischen Aktivitäten weltweit, einschließlich geografischer Koordinaten der Angriffe. Dazu wurden Daten der Wetter- und Ozeanografiebehörde der USA zu verschiedenen Klimafaktoren ausgewertet. Die insgesamt 7.751 Messungen zeigen, dass die Temperaturen in Indien im Vergleich zu den dreißig Jahren vor der Studie signifikant gestiegen sind.

Die Daten belegen die spürbaren Auswirkungen des Klimawandels in Indien: Der Monsun, der für die Landwirtschaft des Landes von entscheidender Bedeutung ist, verändert sich. Die Regenfälle werden unregelmäßiger und extremer, was einerseits Dürren und andererseits Überschwemmungen verursacht. Der Meeresspiegel steigt, wodurch Küstengebiete und Millionen von Menschen gefährdet werden. Dazu schmelzen die Gletscher im Himalaja, was zu Wasserknappheit und einem erhöhten Risiko von Hochwasser führen kann. All das hat Auswirkungen auf die innere Sicherheit Indiens.

Dabei zeigte sich in allen zwölf Monaten des Untersuchungszeitraums, dass Gebiete mit extremen Wetterbedingungen auch die Schwerpunkte terroristischer Aktivitäten sind. Bei den Niederschlägen gibt es zwar Monate mit weniger extremen Werten, aber während der Monsunzeit treten häufiger extreme Niederschlagsmengen auf, die sich dann auch stärker mit den Gebieten terroristischer Aktivitäten überschneiden. Und je höher man in Indien kommt, desto terroristischer wird es, vor allem im Norden und Osten. ⚑

Studiendesign

Stil 🔍	quantitativ
Messzeitraum ⏳	Längsschnitt
Erhebung 🧪	vorhandene Daten
Veröffentlichung 🗂	Fachzeitschrift

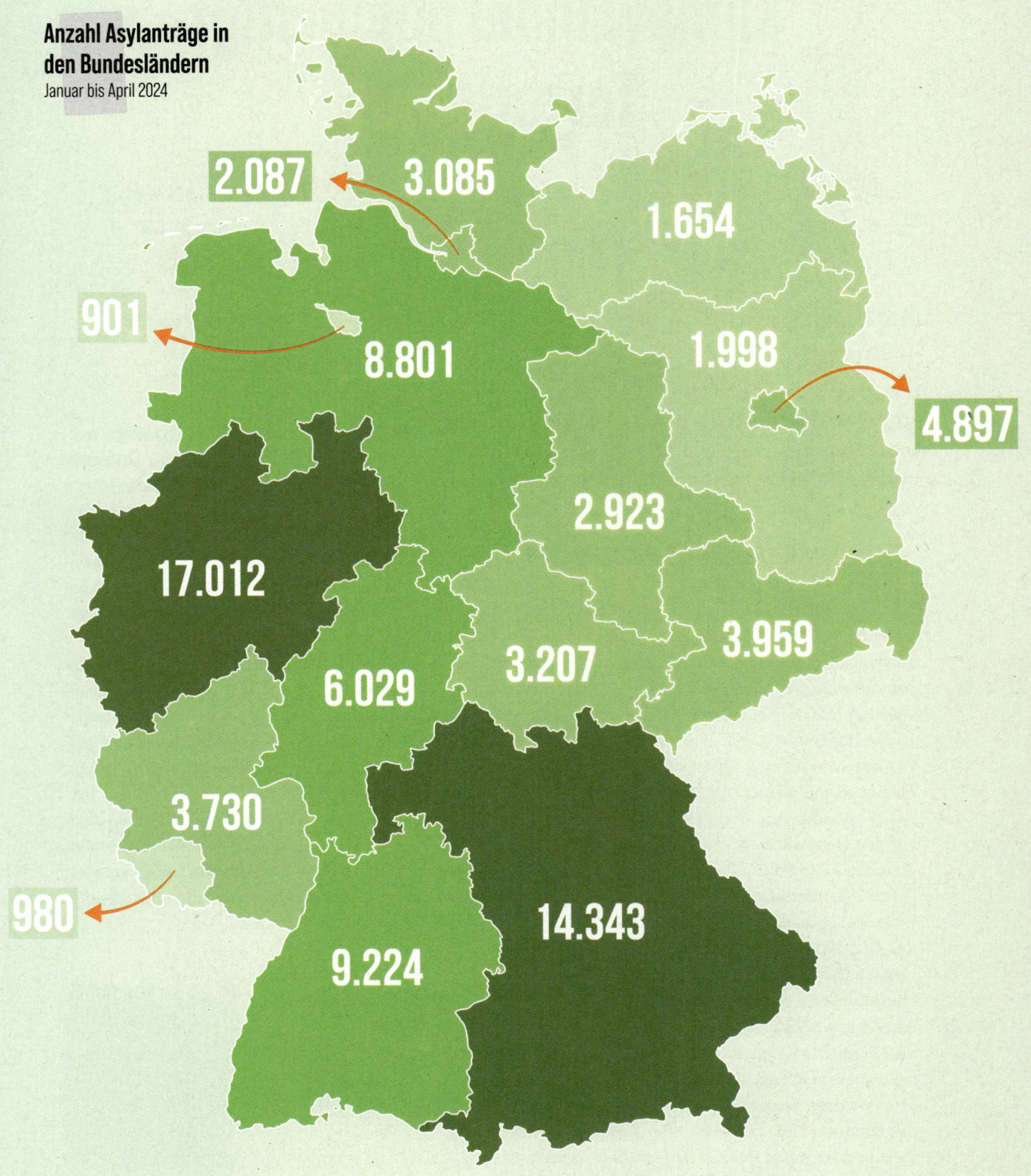

Anzahl Asylanträge in den Bundesländern
Januar bis April 2024

2.087

3.085

1.654

901

8.801

1.998

4.897

17.012

2.923

3.959

6.029

3.207

3.730

980

9.224

14.343

Ob jemand als Flüchtling anerkannt wird, hängt auch von der herrschenden Stimmung ab

In Deutschland gilt: Ob eine geflüchtete Person bleiben darf, soll allein von den Asylgründen und der Situation im Heimatland abhängen. Eine Studie zeigt nun aber, dass auch die politische und gesellschaftliche Stimmung die Anerkennungsquote beeinflusst. Das Überraschende: Eine traditionell konservative Politik erhöht die Wahrscheinlichkeit, Asyl gewährt zu bekommen.

VON **CORNELIA SCHIMEK UND STEFANIE SCHULDT**

Die Chancen auf Asyl sind in Deutschland überall gleich hoch – unabhängig davon, in welchem Bundesland der Antrag gestellt wird. Weder die politische Lage noch die gesellschaftliche Stimmung hierzulande beeinflussen die Entscheidung. Das erklärte zumindest das Bundesamt für Migration und Flüchtlinge (Bamf) 2017 in einer Pressemitteilung.[1] Ob eine geflüchtete Person in Deutschland bleiben darf, hängt demnach allein von den vorgebrachten Schutzgründen und der humanitären Situation im Herkunftsland ab.[2] Es existiert also eine einheitliche Rechtsgrundlage, nach der die Mitarbeitenden des Bamfs ihr Urteil fällen.

Trotzdem unterschieden sich die Anerkennungsquoten im Zeitraum von 2015 bis 2017 in den einzelnen Bundesländern erheblich voneinander:[3] So beschieden beispielsweise die Behörden in Bremen 70 Prozent aller Asylgesuche positiv, in Brandenburg hingegen waren es lediglich 46 Prozent.[4] Für Geflüchtete aus dem Irak variierte die Anerkennungsquote besonders stark. Während in

Bremen rund 93 Prozent der Iraker:innen einen Schutzstatus bekamen, lag die Quote in Brandenburg bei nur 40 Prozent. Ähnlich große Schwankungen gab es auch bei Menschen aus Afghanistan und Eritrea. Allein Geflüchtete aus Syrien und dem Westbalkan hatten in allen Bundesländern ähnlich hohe Chancen, Asyl zu bekommen.

Damit hat keiner gerechnet

Wie kommt es zu derart großen Unterschieden in den Schutzquoten, obwohl die Chancen in allen Bundesländern gleich sein sollten? Diese Frage stellten sich auch Wissenschafter:innen des Instituts für Arbeitsmarkt- und Berufsforschung in Nürnberg sowie der Universitäten Bamberg und Konstanz. Jetzt veröffentlichte das Autorentrio dazu eine Studie in der Fachzeitschrift *Migration Studies*. Die Vermutung: Die politische Ausrichtung eines Bundeslandes wirkt sich auf die Asylchancen aus. Also überprüften die Forschenden, ob eine traditionell konservative Landesregierung beziehungsweise

(1) Bundesamt für Migration und Flüchtlinge (Bamf) (Hg.): Chancen auf Asyl sind bundesweit einheitlich (27.3.2017).

(2) Dietz, Helena: Einfluss von außerrechtlichen Faktoren auf Asylentscheidungen, auf: idw-online.de (7.3.2024).

(3) Gundacker, Lidwina; Kosyakova, Yuliya; Schneider, Gerald: How regional attitudes towards immigration shape the chance to obtain asylum: Evidence from Germany, in: Migration Studies (2024), S. 4.

Anzahl Personen, die in <mark>Deutschland</mark> 2023 einen Asylantrag stellten

aufgeschlüsselt nach Staatsangehörigkeit. Die Ukraine ist nicht in der Statistik enthalten, denn Ukrainer:innen erhielten automatisch Schutz und mussten dafür kein Asylverfahren durchlaufen

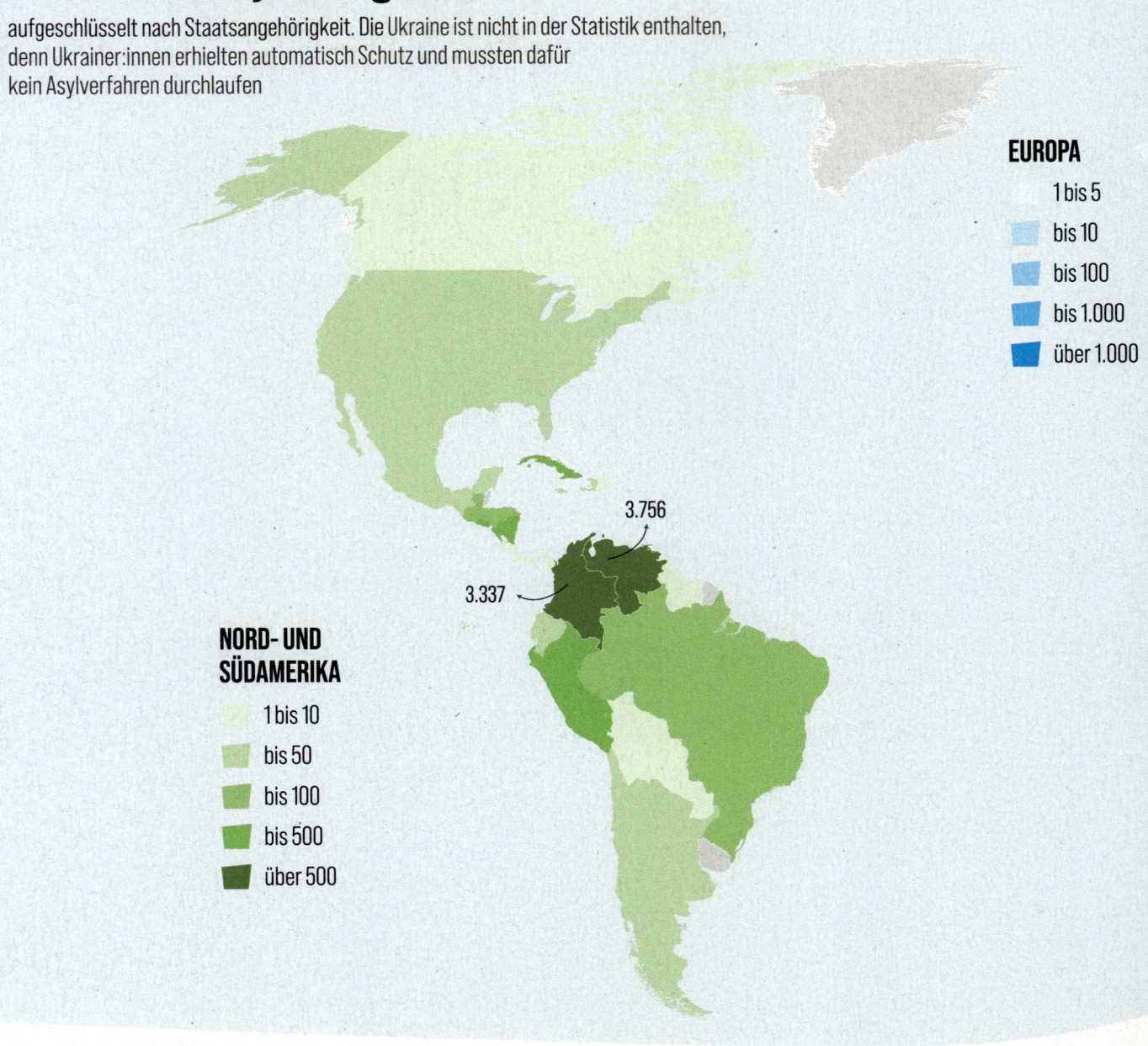

EUROPA
- 1 bis 5
- bis 10
- bis 100
- bis 1.000
- über 1.000

NORD- UND SÜDAMERIKA
- 1 bis 10
- bis 50
- bis 100
- bis 500
- über 500

3.756

3.337

(4) Bei Asylanträgen aus den wichtigsten Herkunftsländern (Irak, Syrien, Afghanistan, Eritrea und ausgewählte Länder des Westbalkans). Inbegriffen sind: Flüchtlingsstatus, subsidiärer Schutz und humanitärer Schutz.

ein amtierender Ministerpräsident der CDU/CSU die Chancen auf Asyl verschlechterte. Das Ergebnis war überraschend: In ihrem statistischen Modell zeigte sich ein positiver Zusammenhang zwischen einer Landesregierung mit langjähriger Beteiligung der Union oder der FDP und den Asylchancen. Das heißt: In Ländern, in denen seit 1991 vor allem die Union und die FDP in der Landesregierung dominierten, war die Chance auf Asyl vergleichsweise höher. Woran liegt das? »Hier tappen wir im Dunkeln«, so Studienautorin Lidwina Gundacker

gegenüber KATAPULT.[5] Wichtig sei jedoch zu erwähnen, dass sie und ihre Kollegen keinen *kausalen* Zusammenhang zwischen einer konservativen Politik und den Asylchancen nachweisen konnten. Die Regierungsbeteiligung der Union muss also nicht der Grund für die besseren Chancen sein. Es ist auch denkbar, dass zum Beispiel in unionsgeführten Ländern die Behörden besser ausgestattet sind und sich das auf die Asylchancen auswirkt.

Für ihre Analyse nutzten die Forschenden die Informationen von rund 4.000 Geflüchteten, die

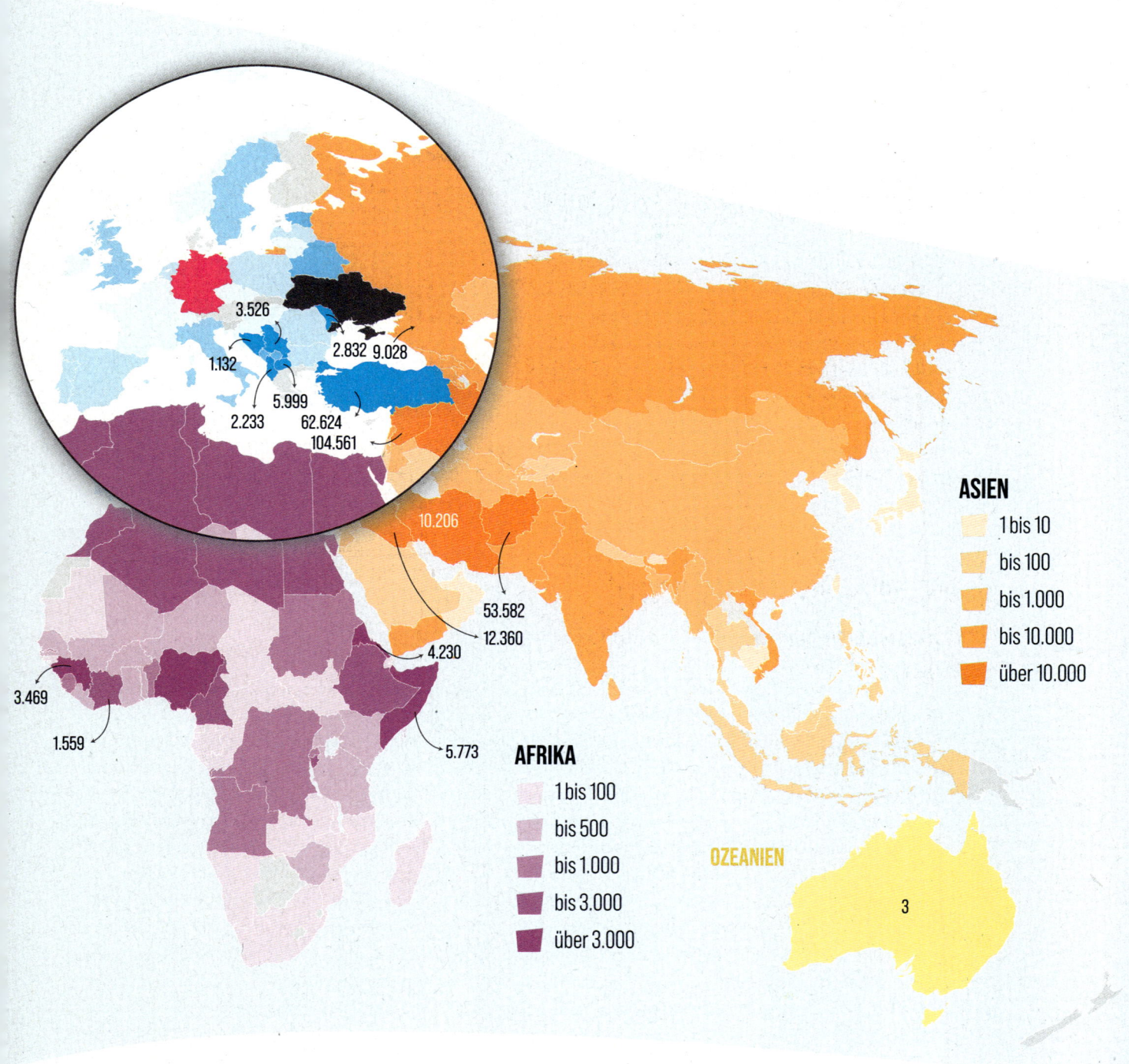

ASIEN

- 1 bis 10
- bis 100
- bis 1.000
- bis 10.000
- über 10.000

AFRIKA

- 1 bis 100
- bis 500
- bis 1.000
- bis 3.000
- über 3.000

OZEANIEN

3

3.526
1.132
2.832   9.028
5.999
2.233
62.624
104.561
10.206
53.582
12.360
4.230
3.469
1.559
5.773

zwischen 2015 und 2017 einen Asylbescheid in Deutschland erhielten. Das Besondere an diesen Daten: Sie beruhen auf einer Befragung, die jährlich persönliche Informationen von Geflüchteten erfasst.[6] Das ist neu, denn bei bisherigen Studien zum Thema nutzten Wissenschaftler:innen vorwiegend Durchschnittswerte und keine Individualdaten. Mit diesem neuen Ansatz können die Autor:innen ausschließen, dass die unterschiedlichen Quoten daran liegen, dass in unionsgeführten Bundesländern vor allem solche Asylanträge bearbeitet werden, die ohnehin größere Erfolgsaussichten haben. Entgegen der Erwartung zeigt die Analyse also: Eine Person in einem traditionell CDU-geführten Land hatte

höhere Chancen auf Asyl als in einem traditionell SPD-geführten Land – obwohl die Betroffenen einen vergleichbaren Hintergrund hatten, also beispielsweise ähnliche Kriegs- und Gewalterfahrungen.

Je migrationsskeptischer die Bevölkerung, desto geringer die Chancen auf Asyl

Welche Einflussfaktoren wirken außerdem? Die gesellschaftliche Stimmung im Bundesland. Auch das zeigte die Studie. So war die Wahrscheinlichkeit, als Flüchtling anerkannt zu werden, in solchen Regionen niedriger, in denen die Bevölkerung eher migrationsskeptisch eingestellt war. Je mehr Menschen

(5) Telefonat mit Lidwina Gundacker am 16.4.2024.

(6) IAB-BAMF-SOEP-Befragung.

eines Bundeslandes äußerten, »sehr besorgt über die Einwanderung nach Deutschland«[7] zu sein, desto geringer die Chancen auf einen positiven Bescheid. Auch die Einstellung der Landesregierung wirkte sich offenbar aus: War sie eher restriktiv, verschlechterte sich die Chance auf Asyl. Als restriktiv galten in der Studie Bundesländer, die beispielsweise die sogenannte Wohnsitzauflage[8] streng durchsetzen. Diese Bestimmung besagt, dass Antragsteller:innen nach einem positiven Asylbescheid drei Jahre in dem Bundesland wohnen müssen, in dem das Asylverfahren stattgefunden hat. Bekamen die Geflüchteten außerdem statt Geld eher Sachleistungen, stuften die Studienautor:innen dieses Bundesland ebenfalls als restriktiv ein. Warum? Weil die Antragstellenden so nicht frei entscheiden können, welche Produkte sie konsumieren.

Entscheidungen sind mit Unsicherheit behaftet
Für das Autorentrio waren diese beiden Aspekte – die Stimmung in der Gesellschaft und die Asylpolitik der Länder – der zentrale Befund ihrer Studie. Die Forschenden gehen davon aus, dass die Bamf-Mitarbeitenden die Stimmung in Politik und Gesellschaft bewusst oder unbewusst in ihre Urteile einfließen lassen. Zwar gibt es klare gesetzliche Regelungen, wann eine Person in Deutschland Asyl erhält. Trotzdem sind die Entscheidungen über ein Gesuch mit Unsicherheiten behaftet. Geflüchtete können nicht immer stichhaltige »Beweise« über die Schrecken, die sie erlebt haben, vorbringen. Was genau gilt als Beweis etwa für eine erfahrene Folter? Wie kann man nachweisen, dass man bedroht wurde? In einzelnen Fällen ist das möglich, aber in anderen Fällen können die Asylsuchenden nicht einmal ihre Nationalität belegen, da Schlepper ihnen ihre Ausweisdokumente abgenommen haben, erklärt Lidwina Gundacker.

Solche Faktoren erschweren das Asylverfahren, das zusammengefasst so abläuft: Bei der Ankunft in Deutschland muss sich die geflüchtete Person bei einer staatlichen Stelle melden. Anschließend wird sie registriert und ihre persönlichen Daten werden erfasst.[9] Als Nächstes, also noch vor der Beantragung von Asyl, werden die Geflüchteten auf die Bundesländer verteilt. Das erfolgt nach dem sogenannten Königsteiner Schlüssel, der unter Berücksichtigung der Wirtschaftskraft und der Bevölkerungszahl der Bundesländer bestimmt, welches Land wie viele Geflüchtete aufnimmt.[10]

(7) Daten aus dem Sozioökonomischen Panel für die Jahre 2015 bis 2017. Diese Umfrage wird jährlich im Auftrag des Deutschen Instituts für Wirtschaftsforschung durchgeführt.

(8) Netzwerk Unternehmen integrieren Flüchtlinge (Hg.): Kurzübersicht Wohnen und Umziehen, auf: unternehmen-integrieren-fluechtlinge.de (2022).

(9) Bamf (Hg.): Ankunft und Registrierung, auf: bamf.de (1.4.2021).

(10) Bamf (Hg.): Erstverteilung der Asylsuchenden (EASY), auf: bamf.de (2.2.2022).

(11) Bamf (Hg.): Persönliche Antragstellung, auf: bamf.de (14.11.2019).

(12) Bamf (Hg.): Persönliche Anhörung, auf: bamf.de (14.11.2019).

(13) Bamf (Hg.): Entscheiderinnen und Entscheider, auf: bamf.de (13.2.2024).

> **Die Forschenden gehen davon aus, dass die Bamf-Mitarbeitenden die Stimmung in Politik und Gesellschaft bewusst oder unbewusst in ihre Urteile einfließen lassen**

Asylsuchende können sich also im Regelfall nicht aussuchen, wo genau sie Schutz suchen.[11] Nach ihrer Verteilung stellen die geflüchteten Menschen in einer der vielen Außenstellen des Bundesamtes ihren Asylantrag und werden schließlich zur sogenannten Anhörung geladen. In den Räumlichkeiten des Bamfs stellen die Entscheider:innen Fragen zur Herkunft, den Fluchtwegen und vor allem den Gründen, aus denen die Person ihre Heimat verlassen hat.[12] Ein Dolmetscher übersetzt das gesamte Gespräch. Nun muss der Anhörer entscheiden, ob das Asylgesuch berechtigt ist.[13] Und genau hier gibt es – wie beschrieben – Unsicherheiten, sodass die Stimmung in Politik und Gesellschaft die Urteile beeinflussen können.

**Entscheider:innen werden
von äußeren Umständen beeinflusst**
Das legt die Vermutung nahe, dass sich zusätzlich auch ganz praktische Bedingungen des Arbeitsalltags auf die Asylentscheide auswirken, etwa eine hohe Arbeitsbelastung der Sachbearbeiter:innen oder wenig Informationen über das Herkunftsland. Das konnten die Autor:innen allerdings nicht nachweisen. Hatten die Mitarbeitenden des Bamfs also besonders viele Asylanträge zu bearbeiten oder wenig Wissen über das Herkunftsland, verringerten diese Umstände die Anerkennungsquote nicht noch zusätzlich. Andersherum heißt das aber auch: Selbst wenn die Entscheider:innen im Bamf

Trock'ne Zahlen

Tag, für den die Bundesregierung einen Abschiebeflug
nach Afghanistan geplant hatte

3.8.2021

Fall von Kabul und Machtübernahme der Taliban

15.8.2021

Quelle: Deutschlandfunk

(14) Riedel, Lisa; Schneider, Gerald: Dezentraler Asylvollzug diskriminiert: Anerkennungsquoten von Flüchtlingen im bundesdeutschen Vergleich, 2010-2015, in: Politische Vierteljahresschrift 58(2017); Deutschlandfunk (Hg.): »Es spielt teilweise eine Rolle, bei welchem Richter man steht«, auf: deutschlandfunk.de (28.3.2017).

(15) Thränhardt, Dietrich: Aufklärung im Bundestag. Siebzehn Jahre Asyl-Anfragen der »Linken« und ihre Ergebnisse, auf: fluchtforschung.net (7.2.2024).

eine niedrige Arbeitsbelastung und viele Informationen über die humanitäre Lage im Herkunftsland der Antragstellenden hatten, richteten sie sich wissentlich oder unwissentlich nach der politischen und gesellschaftlichen Stimmung im Bundesland. Die verfügbare Zeit und Informationen machten sie also nicht immun gegen äußere Einflüsse.

Muslime und Männer haben schlechtere Chancen

Nachweislichen Einfluss haben hingegen zwei andere außerrechtliche Faktoren, die für Autorin Gundacker besonders hervorstechen. Das sind die offenkundige Diskimierung von Menschen wegen ihres Geschlechts oder ihrer Religion. So ergab die Auswertung, dass muslimische Menschen von vornherein eine schlechtere Chance auf Anerkennung hatten als Personen mit einer ähnlichen Her-

kunftsgeschichte, aber einer anderen Religion. Und noch eine weitere Gruppe hat anscheinend geringere Chancen auf Asyl: Männer.

Trotz dieser ungleichen Aussichten werfen Gundacker und ihr Team den Bamf-Mitarbeitenden keine aktive Diskriminierung vor. Ob die Ungleichbehandlung absichtlich oder unabsichtlich geschieht, können sie anhand der Daten nicht feststellen. Klar scheint jedoch, dass Personen beim Bamf die politische Stimmung ihrer Stadt oder Landesregierung mitbekommen.

Was hat die Spaltung der Linken-Bundestagsfraktion damit zu tun?

Schon frühere Studien zeigten die unterschiedlichen Chancen in den verschiedenen Bundesländern. So erhielten in den Jahren 2010 bis 2015 in Bremen und dem Saarland die meisten Menschen

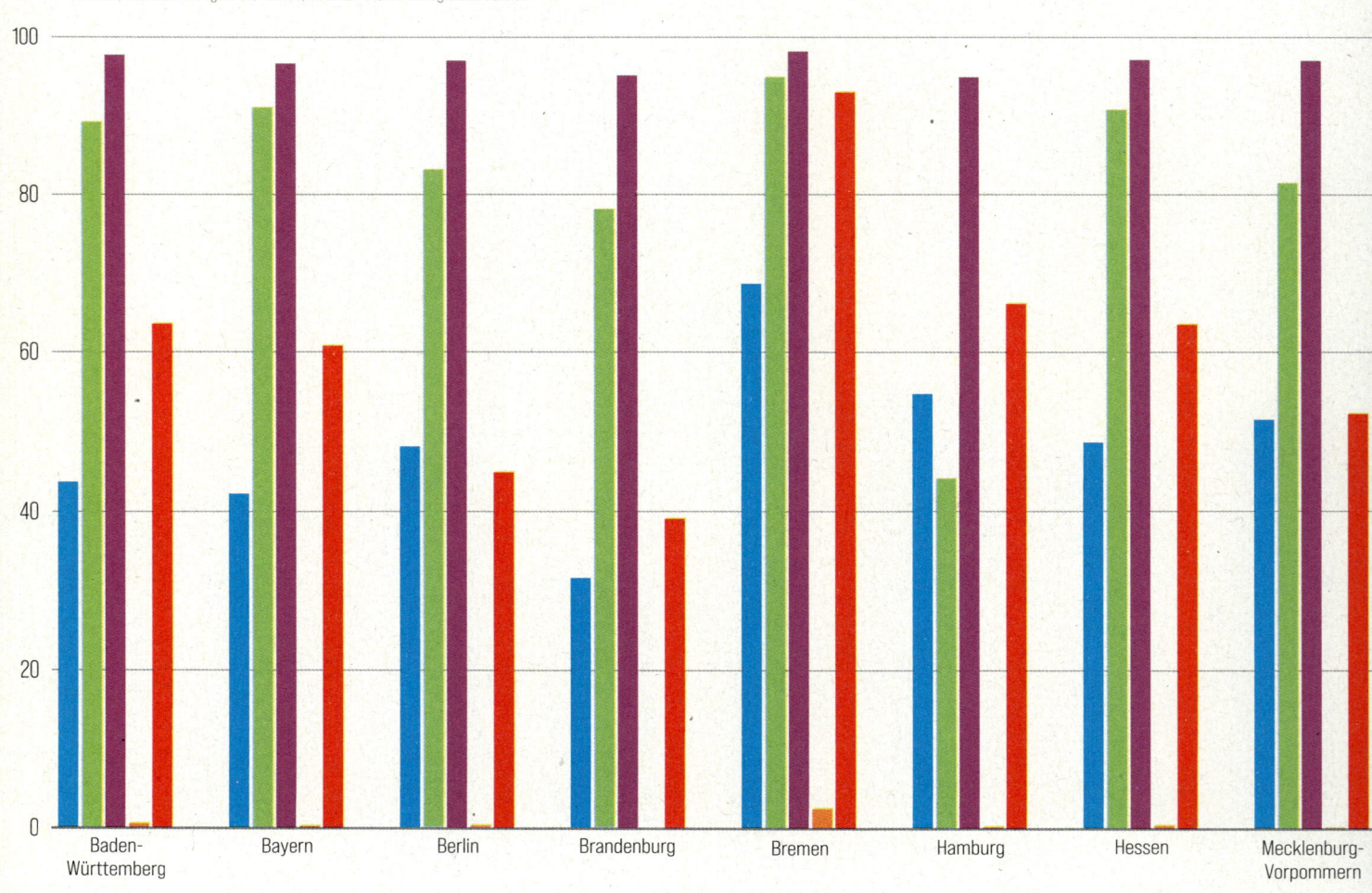

Anerkennungsquoten der Bundesländer
in Prozent, 2015-2017

■ Afghanistan ■ Eritrea ■ Syrien ■ Westbalkan* ■ Irak

*Albanien, Bosnien-Herzegowina, Kosovo, Mazedonien, Montenegro und Serbien

einen positiven Anerkennungsbescheid. In Berlin und Sachsen wurden die wenigsten Flüchtlinge anerkannt. Die Politikwissenschaftler Gerald Schneider und Lisa Riedel beispielsweise warfen der Bundesregierung 2017 in einer Studie »Asyl-Lotterie« vor.[14] Um die Situation zu verbessern, plädieren Gundacker und ihr Team für eine Schulung und regelmäßige Reflexionsrunden (Supervisionen) der Bamf-Mitarbeitenden. Außerdem wünscht sich Gundacker, dass das Bundesamt mehr Informationen bereitstellt. Die Daten, die ihre Arbeitsgruppe in der Studie verwendete, stammten zum Teil aus Kleinen Anfragen der Bundestagsfraktion der Linken.[15] Nur deshalb musste das Bamf die Zahlen veröffentlichen, die »unglaublich hilfreich für die Forschung« seien, so Gundacker. Durch die Spaltung der Bundestagsfraktion sei das nun womöglich erst einmal »leider vorbei«. ♟

CORNELIA SCHIMEK UND **STEFANIE SCHULDT**

KATAPULT   KATAPULT

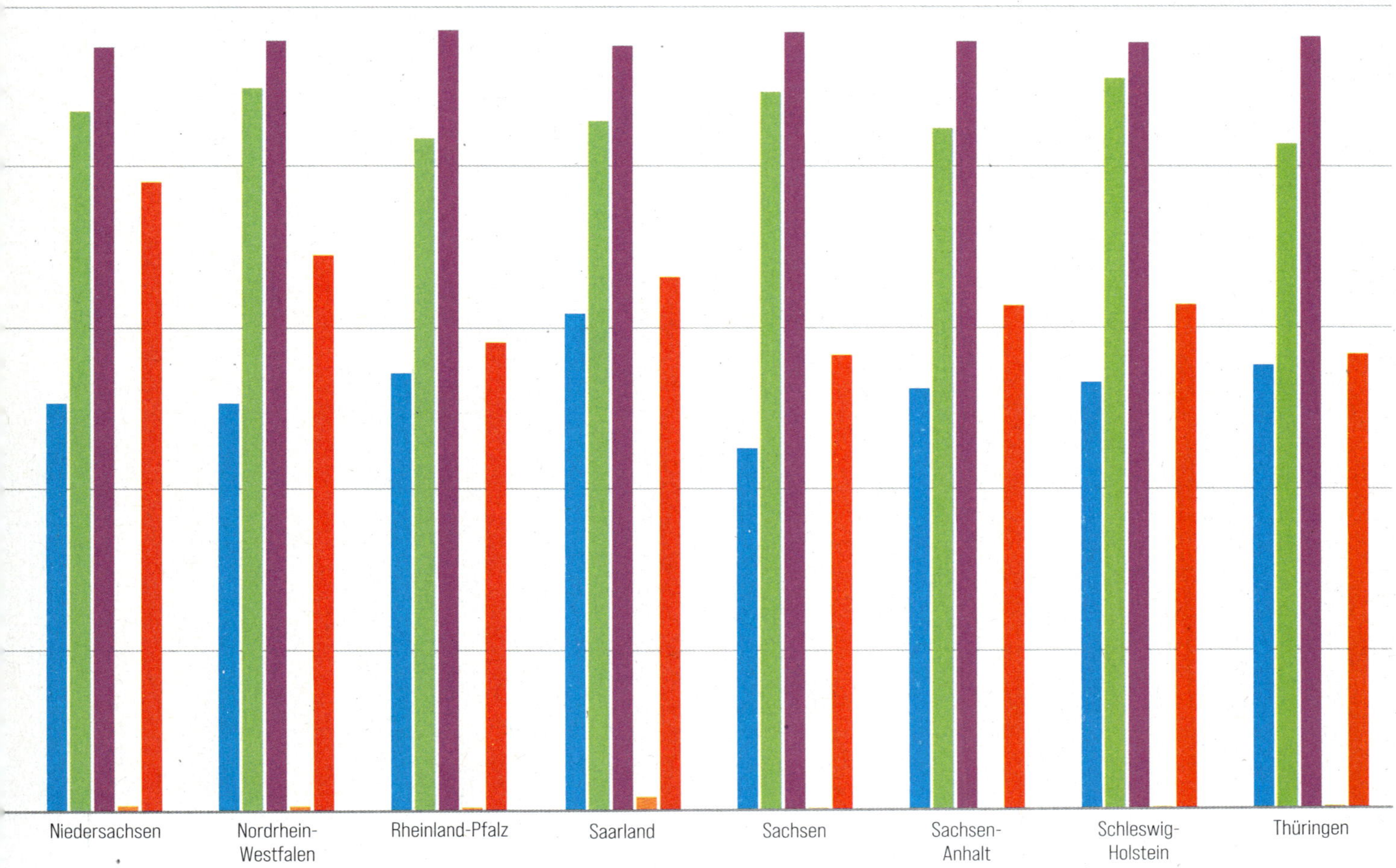

Niedersachsen   Nordrhein-Westfalen   Rheinland-Pfalz   Saarland   Sachsen   Sachsen-Anhalt   Schleswig-Holstein   Thüringen

KATAPULT Abo-Varianten
Upgraden? Mail an wechsel@katapult-magazin.de

Original

Hast du grad
in der Hand

Kombi

Riesiges
A1-Poster

Komplett

KATAPULT + Knicker + PULTU

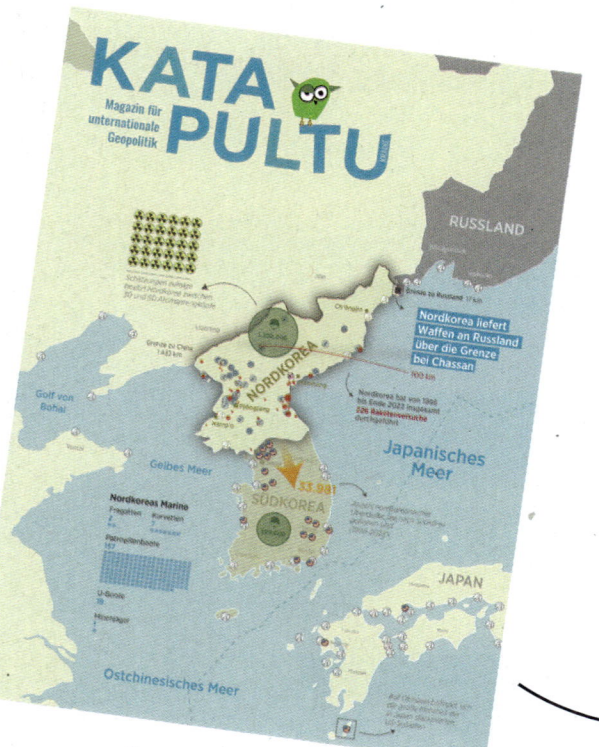

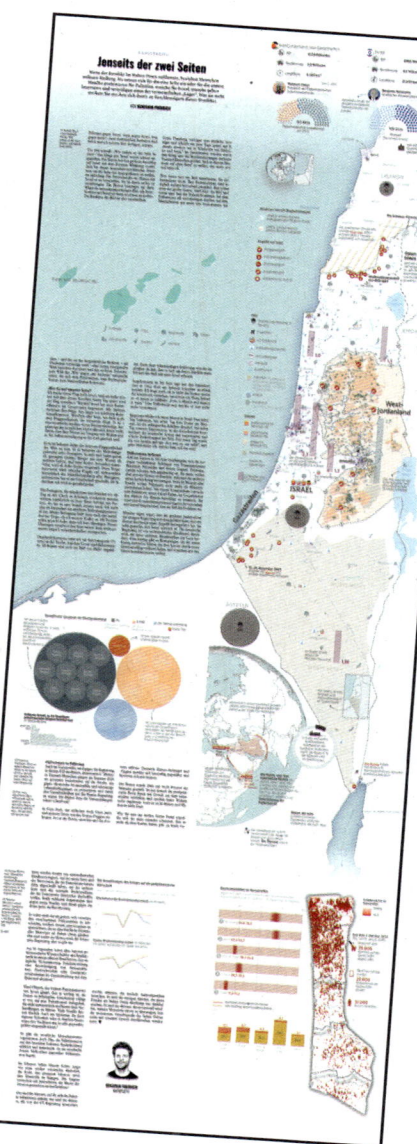

*Geopolitische
Detailkarten*

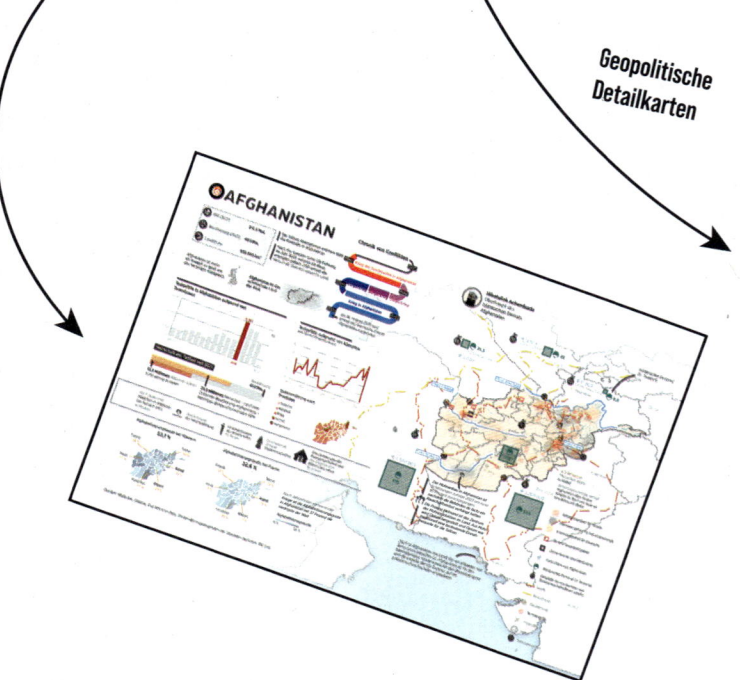

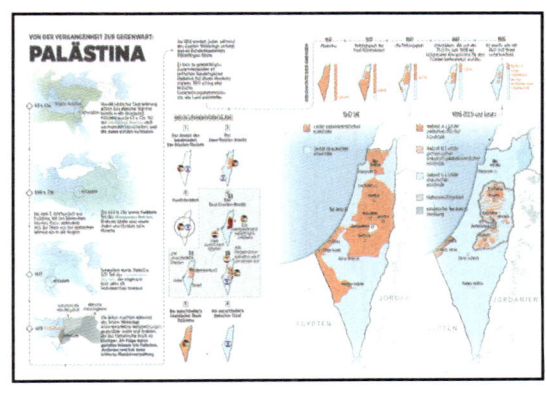

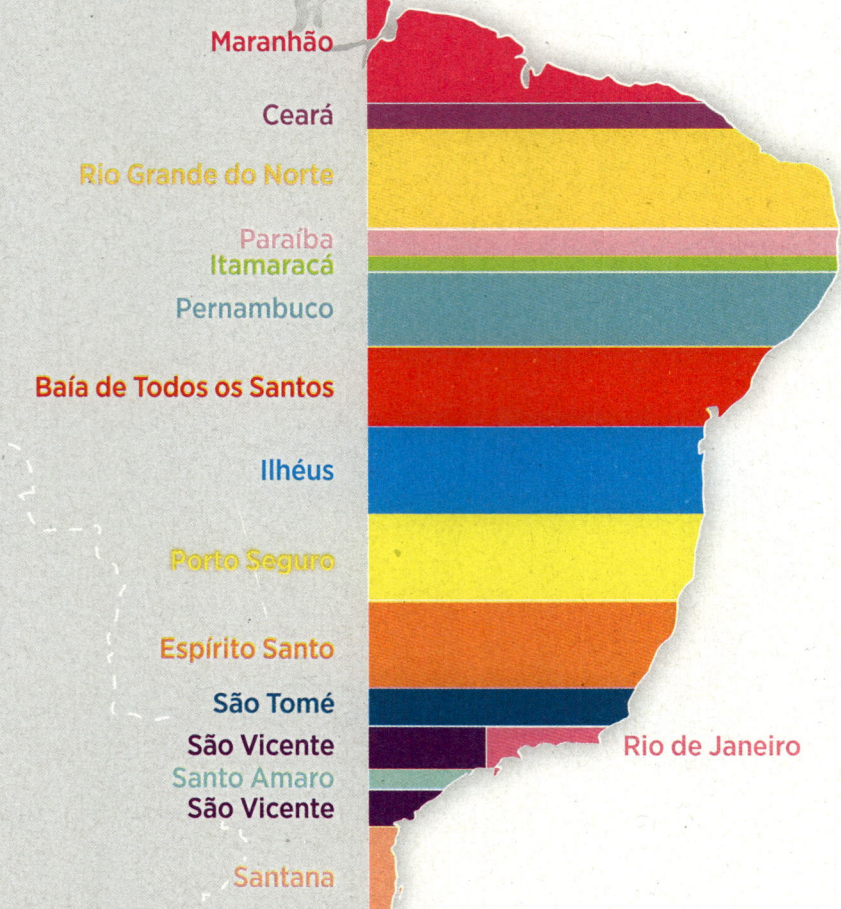

heutige Grenze

Maranhão

Ceará

Rio Grande do Norte

Paraíba
Itamaracá
Pernambuco

Baía de Todos os Santos

Ilhéus

Porto Seguro

Espírito Santo

São Tomé
São Vicente
Santo Amaro
São Vicente

Rio de Janeiro

Santana

So sah Brasilien 1534 aus

... zumindest wenn man historischen Karten vertraut – und heute noch geläufigen Lehrbuchabbildungen in Brasilien und Portugal. Doch tatsächlich war die Aufteilung vermutlich eine andere. Das fand 2013 der brasilianische Kartografieprofessor Jorge Pimentel Cintra an der Universität von São Paulo heraus. Er glich die klassische Darstellung mit Primärquellen wie Schenkungsbriefen und Urkunden ab und schlug auf dieser Grundlage eine neue Karte vor, die so aussieht:

Im 16. Jahrhundert, als die Portugiesen Südamerika kolonialisierten, vergab die portugiesische Krone neu entdeckte Gebiete an sogenannte Capitães, zu deutsch Hauptmänner. Das waren Adlige, die das Land als Lehen verwalteten. ♦

JOHNNY CASH

Er war überall

Das behauptet der US-amerikanische Countrysänger jedenfalls im Song *I've Been Everywhere*. Tatsächlich ist der Titel für die dort genannte Liste an Orten etwas vollmundig gewählt, wie unsere Auswertung zeigt. Denn die Orte befinden sich zu einem Großteil in den USA. Dort hat das lyrische Ich allerdings die meisten Bundesstaaten besucht und ist insgesamt immerhin gut 200.000 Kilometer weit gereist.

Der Text stammt übrigens gar nicht von Cash selbst, sondern von dem australischen Countrysänger Geoff Mack, der das Lied ursprünglich mit australischen Orten geschrieben hatte. Weil der Song auch Hitpotenzial für den nordamerikanischen Markt versprach, schrieb Mack eine zweite Version. Hier sein Text:

I was totin' my pack along the dusty Winnemucca road
When along came a semi with a high an' canvas-covered load
»If you're goin' to Winnemucca, Mack, with me you can ride«
And so I climbed into the cab, and then I settled down inside
He asked me if I'd seen a road with so much dust and sand
And I said, »Listen, I've traveled every road in this here land«

I've been everywhere, man
I've been everywhere, man
Crossed the deserts bare, man
I've breathed the mountain air, man
Of travel I've had my share, man
I've been everywhere

I've been to Reno, Chicago, Fargo, Minnesota,
Buffalo, Toronto, Winslow, Sarasota,
Wichita, Tulsa, Ottawa, Oklahoma,
Tampa, Panama, Mattawa, La Paloma,
Bangor, Baltimore, Salvador, Amarillo,
Tocapillo, Baranquilla, and Perdilla, I'm a killer

I've been everywhere, man
I've been everywhere, man
Crossed the deserts bare, man
I've breathed the mountain air, man
Of travel I've had my share, man
I've been everywhere

I've been to Boston, Charleston, Dayton, Louisiana,
Washington, Houston, Kingston, Texarkana,
Monterey, Ferriday, Santa Fe, Tallapoosa,
Glen Rock, Black Rock, Little Rock, Oskaloosa,
Tennessee, Hennessey, Chicopee, Spirit Lake,
Grand Lake, Devils Lake, Crater Lake, for Pete's sake

I've been everywhere, man
I've been everywhere, man
Crossed the desert's bare, man
I've breathed the mountain air, man
Of travel I've had my share, man
I've been everywhere

I've been to Louisville, Nashville, Knoxville, Ombabika,
Schefferville, Jacksonville, Waterville, Costa Rica,
Pittsfield, Springfield, Bakersfield, Shreveport,
Hackensack, Cadillac, Fond du Lac, Davenport,
Idaho, Jellico, Argentina, Diamantina,
Pasadena, Catalina, see what I mean

I've been everywhere, man
I've been everywhere, man
Crossed the desert's bare, man
I've breathed the mountain air, man
Of travel I've had my share, man
I've been everywhere

I've been to Pittsburgh, Parkersburg, Gravelburg, Colorado,
Ellensburg, Rexburg, Vicksburg, Eldorado,
Larimore, Atmore, Haverstraw, Chatanika,
Chaska, Nebraska, Alaska, Opelika,
Baraboo, Waterloo, Kalamazoo, Kansas City,
Sioux City, Cedar City, Dodge City, what a pity

I've been everywhere, man
I've been everywhere, man
Crossed the desert's bare, man
I've breathed the mountain air, man
Of travel I've had my share, man
I've been everywhere
I've been everywhere

STUDIE

Längere Bildung = längeres Leben

Studie: „Effects of education on adult mortality: a global systematic review and meta-analysis" von Mirza Balaj, Claire A. Henson, Amanda Aronsson und anderen (Januar 2024)

Kurz: Bildung beeinflusst die Lebenserwartung von Erwachsenen entscheidend.

Bildung erhöht die Lebenserwartung. Und jedes Jahr an einer Schule, Fachhochschule oder Universität senkt das Sterblichkeitsrisiko um durchschnittlich 1,9 Prozent. Das ergibt eine Auswertung von über 600 Studien aus über 59 Ländern und 70 einzelnen Orten, die dem Zusammenhang zwischen der Sterblichkeit von Erwachsenen und dem Bildungsniveau gewidmet sind.

Je länger der Schulbesuch dauert, desto stärker sinkt das Sterberisiko. Während eine sechsjährige Schulbildung im Vergleich zu keiner Schulbildung mit einer 13,1-prozentigen Verringerung der Sterblichkeit einhergeht, beträgt der Rückgang bei zwölf Jahren Schulbildung bereits 24,5 Prozent. Bei 18 Jahren formaler Bildung sind es sogar 34,3 Prozent.

Der Einfluss von Bildung auf die Lebenserwartung ist dabei besonders in jüngeren Jahren bedeutend. Bei Erwachsenen zwischen 18 und 49 Jahren verringert sich das Sterblichkeitsrisiko mit jedem Bildungsjahr um durchschnittlich 2,9 Prozent, bei älteren Menschen über 70 um 0,8 Prozent. Der positive Effekt von Bildung auf die Lebenserwartung schwächt sich auch bei einem höheren Bildungsniveau nicht ab.

Aus diesem Grund stellt eine geringe Bildung einen erheblichen Risikofaktor für die Sterblichkeit von Erwachsenen dar, so die Studienautor:innen. Das veranschaulichen sie unter anderem folgendermaßen: Statistisch gesehen ist das Risiko einer Person ohne Schulbildung, zu sterben, im Vergleich zu jemandem mit 18 Jahren Schulbildung genauso hoch (34,3 Prozent) wie das von Raucher:innen, an Lungenkrebs zu erkranken oder zu sterben, im Vergleich zu Nichtraucher:innen.

Begründet werden kann das mit dem Einfluss von Bildung auf das eigene Gesundheitsverhalten, wie etwa die Gesundheitsvorsorge. Außerdem erleichtert ein höherer Bildungsgrad den Zugang zu einem besseren Job, einem höheren Einkommen und damit einer angemessenen Gesundheitsversorgung und einem bestimmten Gesundheitswissen. Zuletzt verfügen Personen mit einem höheren Bildungsstand oft auch über mehr soziale und psychologische Ressourcen, die sich auf die Gesundheit und damit auf die Lebensdauer auswirken, so die Forschenden. ⚑

Studiendesign

Stil 🔍
Messzeitraum ⏳
Erhebung 🧪
Veröffentlichung 📄

Auswertung (Metaanalyse) verschiedener Studien

Fachzeitschrift

Veränderung des Sterberisikos
im Vergleich zu 0 Jahren Bildung, in Prozent

6 Jahre Bildung
-13,1

pro Bildungsjahr reduziert sich das
Sterberisiko durchschnittlich um
1,9 %

12 Jahre Bildung
-24,5

18 Jahre Bildung
-34,3

Bildungsjahre
2020

1. Australien — 20,4

2. Finnland — 19,8

3. Schweden — 19,7

4. Belgien — 19,5

5. Dänemark — 19,3

16. Deutschland — 18,2

Abgeschoben ins Internet?

Das Digitalradio soll den deutschen Hörfunk revolutionieren. Doch vor allem freie Radios werden bei der Umstellung von analoger Ultrakurzwelle auf das sogenannte DAB+ übersehen. Eine alleinige Verbreitung über das Internet könnte für die größtenteils ehrenamtlich gestalteten Community-Radios das Aus bedeuten. Dabei sind sie eine wichtige Säule der Medienvielfalt in Deutschland. Eine Studie aus Bayern stellte kürzlich fest: Für eine Abschaltung des UKW-Radios ist es noch zu früh.

VON **ANNA HANSEN**

Wenn Radioanstalten in Russland oder Ungarn ihre Sendelizenzen verlieren, ist die Empörung groß.[1] Wenn in Deutschland Schritt für Schritt UKW-Lizenzen gegen DAB+ ausgetauscht werden, hört man hingegen wenig. Dabei könnte es auch in Deutschland bald stiller werden: Denn herkömmliche UKW-Radios werden unbrauchbar, wenn keiner mehr über Ultrakurzwelle senden kann – und darf.

Um weiterhin Radio hören zu können, müssen – je nach Bundesland – alle Menschen auf neuere Geräte umsteigen, die das digitale DAB+ empfangen können. Schon im März 1993 legten die Bundesländer fest, dass das künftige digitale Radiosystem DAB, *Digital Audio Broadcast*, der Nachfolger von UKW werden soll – ein langer Prozess. DAB wurden zwischenzeitlich von DAB+ abgelöst. Dreißig Jahre später steht die Abschaltung von UKW nun bevor. Die herkömmlichen Radios verlieren zwar nicht ihre Funktion, nur wird nach der Umstellung von deutschen Radiostationen aus nicht mehr über UKW gesendet. Alte Radios sind also unbrauchbar.

Zumindest fast: Ausländische Sender, die weiterhin über UKW senden, kann man damit weiterhin empfangen.

Doch in Deutschland bedeutet die Abschaltung ein Problem. Vor allem die mehr als dreißig freien, größtenteils ehrenamtlich gestalteten Sender, die freien Radios, werden dadurch in eine schwierige Lage gebracht. Sabine Fratzke, Vorständin des Bundesverbands freier Radios (BfR), ist sich sicher: »Die Abschaltung von UKW ohne etablierte, tragfähige Alternativen würde einen irreparablen Schaden am Konzept des linearen Radios verursachen.«[2] DAB+ ist noch nicht in allen Regionen verfügbar, gerade in ländlichen Gebieten wird es dünn. In einigen Regionen gibt es gar keinen Empfang, dort entfallen die Sender ersatzlos. Ist das tragbar?

Die Zukunft des Radios: Zukunftsmusik?
Die Entscheidung über die Zukunft des Radios ist komplex und mit weitreichenden Folgen verbunden. Das Problem: Die Zeit drängt. Die schrittwei-

(1) Z.B. Oertel, Barbara: Verstummt in Ungarn, auf: taz.de (9.2.2021).

(2) IRights Media (Hg.): Building a European Digital Public Space: Frei, anonym, kostenlos – was geschieht mit den freien Frequenzen? Perspektiven zur Digitalisierung der Freien Radios am Beispiel Deutschland, auf: irights-lab.de.

Verbreitung des digitalen Radiosystems DAB+
2024

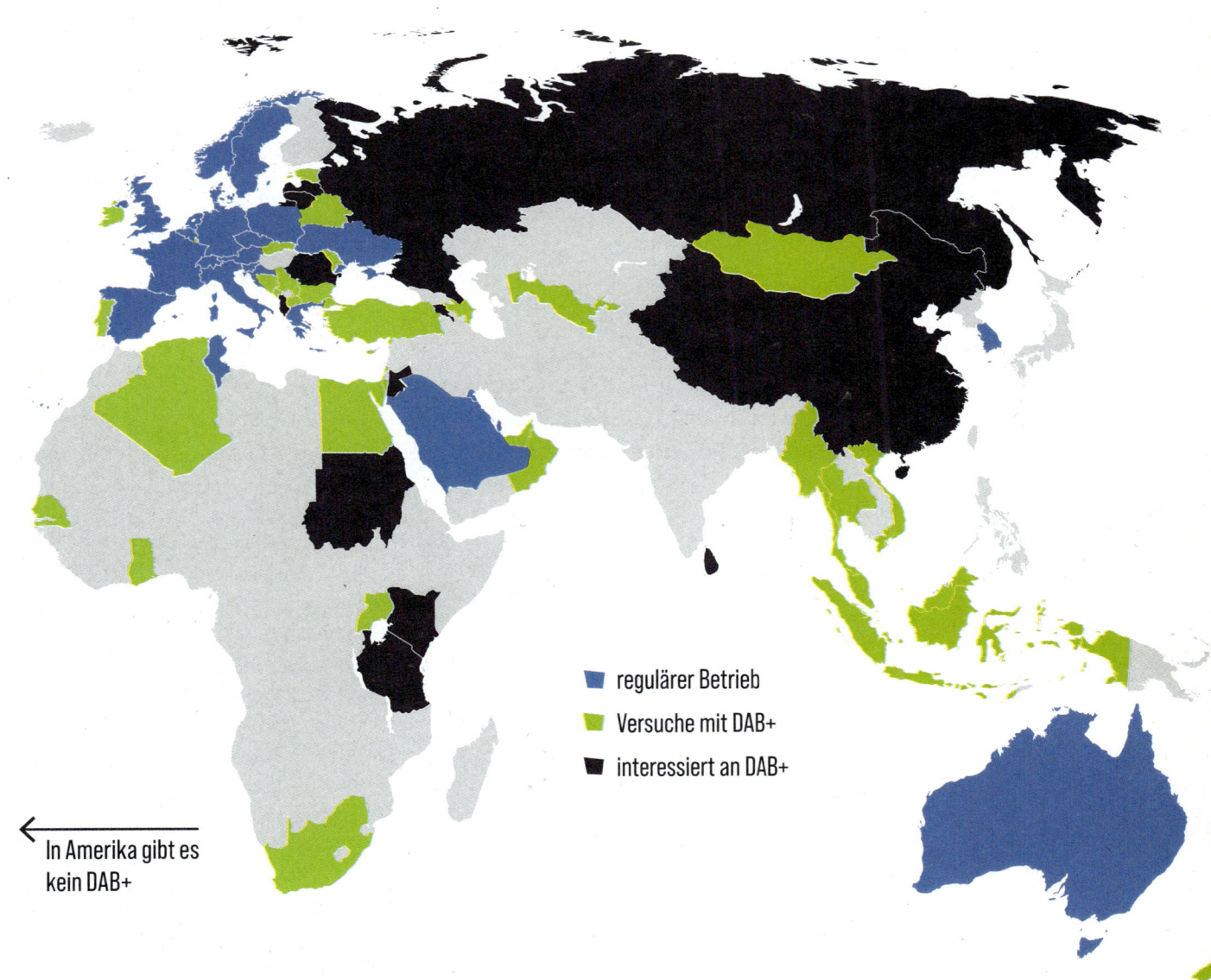

reguärer Betrieb

Versuche mit DAB+

interessiert an DAB+

← In Amerika gibt es kein DAB+

se UKW-Abschaltung ab 2025 erfordert schnelle Lösungen. Die Lizenzen vieler freier Radios laufen Mitte der Zwanzigerjahre aus. Die Abschaltung von UKW und die zunehmende Bedeutung von Internet und Mobilfunk zwingen freie Radios dazu, ihre Verbreitungswege und ihre Arbeitsweise neu zu denken. Es geht dabei nicht allein um die technische Infrastruktur, sondern auch um Freiheit und den Zugang zu Informationen für alle. Denn es gibt

heute nur noch wenige Möglichkeiten, völlig anonym und ohne Internetzugang an Informationen zu gelangen und auf dem Laufenden zu bleiben, wenn man sich keine Zeitung kauft. Eine der letzten (unsichtbaren) Festungen der Anonymität bleibt dabei das gute alte UKW-Radio.

Aber: Das altbekannte terrestrische Radio steht vor einer ungewissen Zukunft. In vielen Ländern weltweit wird noch über Ultrakurzwelle gesen-

(3) Kommission zur Ermittlung des Finanzbedarfs der Rundfunk-anstalten (Hg.): 21. KEF Bericht, auf: kef-online.de (Februar 2018).

det. Allerdings geht der Trend eindeutig hin zu digitalen Übertragungsstandards wie DAB+. Die UKW-Technik stößt an ihre Grenzen und soll daher modernisiert werden. Ein unbestreitbarer Grund: Im UKW-Frequenzbereich ist nicht genug Platz für alle Sender – was wiederum die Vielfalt der Radiosender begrenzt. Ultrakurzwellenrundfunk ist ein analoges Verfahren, bei dem die Audiosignale als kontinuierliche Wellenform übertragen werden, ähnlich wie bei Schallwellen. Damit ist die Technik jedoch auch anfällig für Störungen und hat eine geringere Audioqualität als DAB+ und Streaming übers Internet.

Auch die Mittelwelle spielt im deutschen Radiomarkt seit vielen Jahren eine schwindende Rolle. Bereits 2014 wurde der private Rundfunk über MW abgeschaltet. Heute betreiben lediglich die öffentlich-rechtlichen Rundfunkanstalten noch einige wenige Programme auf MW, die allerdings hauptsächlich für den Auslandsempfang gedacht sind.

Der aktuell kontrovers diskutierte Nachfolger DAB+ bietet mehr Sender, bessere Klangqualität und zusätzliche Funktionen wie Programmtext und Slideshows – ist aber mit hohen Kosten und anderen Nachteilen verbunden. Bei diesem Verfahren werden die Audiosignale in digitaler Form übertragen, ähnlich wie bei CDs. Die Audioqualität ist deutlich besser als bei UKW oder MW.

In Deutschland ist der öffentlich-rechtliche Rundfunk seit den Neunzigerjahren für den Ausbau von DAB+ verantwortlich. Doch der Prozess geht nur langsam voran. Momentan existieren beide Übertragungsarten parallel. Überflüssig, findet die Kommission zur Ermittlung des Finanzbedarfs der Rundfunkanstalten, kurz Kef, die die Rundfunkgebühren überwacht.[3] Sie drängt daher auf die Abschaltung von UKW, um Kosten zu sparen. Denn die werden von den Gebührenzahler:innen getragen – momentan für zwei parallel laufende Technologien. Sollte UKW sein baldiges Ende finden, wären Verbraucher:innen gezwungen, auf die derzeit noch deutlich teureren DAB+-fähigen Geräte umzurüsten. Die Entscheidung zur Umstellung von UKW auf DAB+ in Deutschland fand in einem komplexen, gemeinsamen Prozess statt und wurde von der Kef, der Politik, den Rundfunkveranstaltern und der Industrie getragen. Die konkreten Abschaltungstermine und die Vorgehensweise bei der Abschaltung werden jedoch von den einzelnen Bundesländern festgelegt.

(4) Vereinigung der Bayerischen Wirtschaft (Hg.): UKW/DAB+-Umstellung und der bayerische Radiomarkt, auf: vbw-bayern.de (November 2023).

(5) Niedersächsischer Landtag (Hg.): Für eine digitale Radiozukunft, Unterrichtung der Landtagspräsidentin an die Landtagsverwaltung zum Beschluss des Niedersächsischen Landtags, Drucksache 18/3957, auf: landtag-niedersachsen.de (19.6.2019).

> **DAB+ ist noch nicht in allen Regionen verfügbar. Gerade in ländlichen Gebieten wird es dünn**

Nur Verlust durch DAB+?

Dass es für die Abschaltung von UKW jedoch gesellschaftlich noch zu früh ist, zeigte im November 2023 eine Studie aus Bayern.[4] Mittlerweile wurde in Bayern auch im Koalitionsvertrag von CSU und Freien Wählern einer vorschnellen Abschaltung von UKW eine Absage erteilt. Andere Bundesländer halten trotzdem daran fest.

Zum einen erklären die Studienautoren, dass die zunehmende Nutzung von bundesweiten DAB+-Programmen zulasten der bayerischen Radios geht. Das beeinflusse die Reichweite und die Werbeumsätze der bayerischen Anbieter.

Zum anderen komme der starke Wettbewerb mit globalen Technologieunternehmen hinzu. Deren Plattformen bieten zwar Zugang zu bayerischen Radioprogrammen, aber dieser sei nicht diskriminierungsfrei: So sind Apps von normalen Radiosendern im Vergleich zu denen marktführender Audio-Streamingdienste schwieriger in den App-Stores zu finden – eine Sache der (Un-)Sichtbarkeit. Dazu sei der Umgang mit UKW wettbewerbsentscheidend. Zudem stellt die Studie fest, dass die Zukunft des Radios von einer erfolgreichen Anpassung an die neuen Rahmenbedingun-

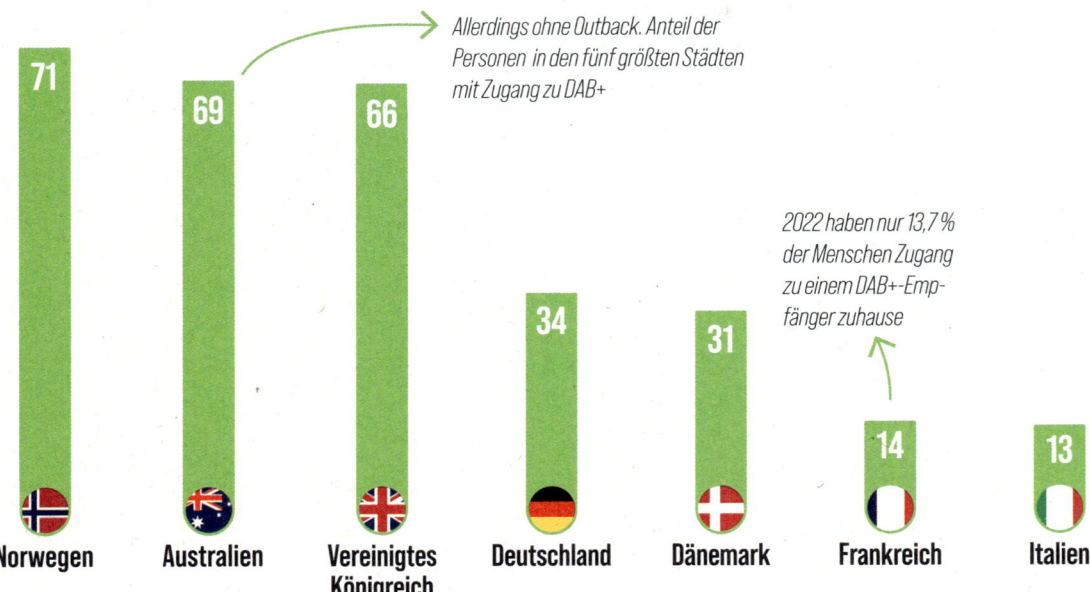

Haushalte mit DAB und DAB+
Verbreitung von digitalradiofähigen Haushaltsempfängern,
in Prozent, Stand Juni 2024

Allerdings ohne Outback. Anteil der Personen in den fünf größten Städten mit Zugang zu DAB+

2022 haben nur 13,7 % der Menschen Zugang zu einem DAB+-Empfänger zuhause

Norwegen	Australien	Vereinigtes Königreich	Deutschland	Dänemark	Frankreich	Italien
71	69	66	34	31	14	13

gen abhängt. Die Politik müsse die Weichen für den Radiomarkt stellen, um den Wandel zu unterstützen. Dazu sollen sich jedoch auch die bayerischen Radioanbieter in ihren Angeboten weiterentwickeln und neue Verbreitungswege erschließen, um im Wettbewerb bestehen zu können.

Ganz andere Töne kommen aus Niedersachsen: Der dortige Landtag fordert den Ausstieg aus DAB+ und setzt auf zukunftsoffene Technologien wie 5G und Internet.[5] Die Kritiker:innen von DAB+ bemängeln die hohen Kosten und die Gefahr der politischen und wirtschaftlichen Beeinflussung durch private Anbieter. Sie befürchten zudem, dass DAB+ zu einer Spaltung der Gesellschaft führt, wenn nicht alle Menschen die Möglichkeit haben, DAB+ zu empfangen. In Schleswig-Holstein hat man bereits festgelegt, digitale »Hörfunkvorreiterregion« mit DAB+ werden zu wollen.[6] Freie Radios stünden damit nun vor großen Herausforderungen, befürchten die freien Radios in dem Bundesland: Sie hätten die Wahl, entweder komplett auf UKW zu bleiben oder frühzeitig zu DAB+ zu wechseln – und damit Hörer:innen zu verlieren.

Freie Radios stummgeschaltet?
Die zögerliche gesellschaftliche Anerkennung der freien Radios als eigenständige Rundfunkart sorgt laut Sabine Fratzke vom BfR für komplexe Pro-

bleme, die mit der Digitalisierung und dem Wegfall der analogen Verbreitung zutage treten: Freie Radios und ihre Communitys werden übersehen und benachteiligt. Die freien Radios werden von Bürger:innen für Bürger:innen gestaltet und ausgestrahlt – multikulturell, antidiskriminierend und in verschiedenen Sprachen.

Durch verkleinerte Sendegebiete verlieren freie Radios auch den direkten Zugang zu Hörer:innen, die sich im Bürgerradio engagieren. Denn: Die Zahl der Förderer und ehrenamtlich Engagierten ist direkt mit der Reichweite der Sender verbunden, die durch die neuen Verbreitungswege sinken würde. Die Auffindbarkeit im Internet und die Benachteiligung durch Plattform-Algorithmen verschärfen dieses Problem. Die Umstellung auf sogenanntes Small Scale DAB oder eine rein internetbasierte Verbreitung würde zudem für freie Radios einen erheblichen finanziellen und personellen Aufwand bedeuten – und bei Nichtgelingen das Aus für den Sender. Deswegen fordern die freien Radios die Sicherstellung ihrer gleichberechtigten Auffindbarkeit und der Verbreitung ihrer Programme. Bis zur Abschaltung von UKW müsse ein tragfähiges Alternativkonzept für die Zukunft freier Radios entwickelt und etabliert werden, wenn man diese Säule der Medienvielfalt erhalten will, argumentiert Fratzke.

(6) Koalitionsvertrag 2022-2027 zwischen der Christlich Demokratischen Union Schleswig-Holstein und Bündnis 90/Die Grünen Schleswig-Holstein, S. 219, auf: sh-gruene.de.

Freie Radiosender auf UKW
im Bundesverband freier Radios

Radio Fratz

Flensburg

Husum

Freies Radio Neumünster

Neumünster

Freie RadioCooperative Husum

Lohro

Rostock

Hamburg

Freies Sender Kombinat (FSK)

Radio Flora

Hannover

Onda **Pi-Radio**

Radio Woltersdorf

Freies Radio Berlin

Berlin

Radio Ginseng

Woltersdorf

Potsdam

Grünheide

Frankfurt/Słubice

Frrapó

Freies BürgerRadio Słubfurt

Radio Corax

Halle

Freies Radio Kassel

Kassel

Leipzig

Radio Blau

Hainewalde

Punksender

Köln

• Radio RFM

Eschwege

Erfurt

Dresden

coloRadio

Radio Zett

Radio Unerhört Marburg

Marburg

Radio F.R.E.I

Chemnitz

Radio T

Radio Quer

Mainz

Radio Z

Nürnberg

Bermuda. Funk

Mannheim

Querfunk

Karlsruhe

Radio StHörfunk

Schwäbisch Hall

Freies Radio für Stuttgart

Stuttgart

Tübingen

Lora München

Freies Radio Freudenstadt

Freudenstadt

Radio free FM

Ulm

München

Wüste Welle

Freiburg

Radio Dreyeckland

Es ist dringend geboten, den Freien Radios den Status einer 'Dritten Säule des Rundfunksektors' zuzusprechen.

Sabine Fratzke, Vorständin beim Bundesverband freier Radios

Informationsfreiheit für alle?

Mögliche Alternativen zu DAB+ sind die Übertragung über den 5G-Standard und Small Scale DAB. Small Scale DAB ist die digitale Radioverbreitung in kleinerem DAB-Maßstab, zugeschnitten auf die Bedürfnisse lokaler Radios. 5G ermöglicht den anonymen und kostenfreien Empfang von Radioprogrammen über das Mobilfunknetz. Aber auch diese Technologien sind nicht frei von Kritik und möglichen Konsequenzen für die Demokratie.

Denn die 5G-Technologie ist noch in der Entwicklung und hat so einige technische Einschränkungen. Bei einer reinen Verbreitung über 5G oder das Internet besteht einerseits die Gefahr der Beeinflussung von Inhalten durch private Anbieter. Andererseits wären eine eingeschränkte Meinungsvielfalt und eine Beeinträchtigung der demokratischen Kontrolle über die Medien die langfristigen Konsequenzen. Die Verbreitung über das Internet könnte zudem schnell zu Bezahlschranken führen und das Radio von einem Medium für alle zu einem Medium der sozialen Ungleichheit werden lassen.

Der Zugang zu Informationen für alle Bürger:innen würde erschwert und die Ausgrenzung von Minderheiten vergrößert, befürchten Kritiker:innen. Dazu könnten Algorithmen in Sozialen Medien und anderen Onlineplattformen die Verbreitung von Hassrede und Falschnachrichten begünstigen, was die Polarisierung der Gesellschaft fördern und die Meinungsfreiheit beeinträchtigen könnte.

Größe der Sendegebiete entscheidet über Hörer:innenzahlen – und Überleben der Redaktionen

Und auch technisch gesehen kann das Internet – zumindest momentan und besonders in ländlichen Gebieten – nicht die flächendeckende und zuverlässige Versorgung mit Radioprogrammen gewährleisten. Addiert man dazu dann noch den Datenverbrauch für die Nutzung und Verbreitung des Radios über Internet und Mobilfunk, kann das nicht nur für die einzelne Hörerin mit begrenztem Datenvolumen ein Problem werden.

Small Scale DAB hingegen ist ein Konzept für die lokale Versorgung mit Radioprogrammen über eine geringe Anzahl von Sendemasten. Jedoch nur mit begrenztem Programmangebot. Die Technologie ist kostengünstig, aber die Versorgungssicherheit ist nicht immer gewährleistet. Besonders in hügeligen bis gebirgigen Regionen kann die Versorgung problematisch sein. Und: Sendeanlagen für Small Scale DAB benötigen Strom. In Regionen mit anfälliger Stromversorgung kann es daher zu Ausfällen kommen. Dabei ist der Rundfunk auch heute noch gerade bei Wetter- oder Naturkatastrophen ein altbewährtes Mittel, die Bevölkerung zu warnen. Tendenziell würden jedoch auch mit Small Scale DAB die UKW-Verbreitungsgebiete verkleinert.

Eine rein internetbasierte Zukunft erfordert hohen Aufwand für die Auffindbarkeit im Netz sowie die Verbreitung, der das Budget von freien Radios sprengt. Auch die Umstellung auf Small Scale DAB wäre mit finanziellen und personellen Einbußen verbunden, da die Sendegebiete kleiner werden. Dabei ist die Finanzierung freier Radios durch Förderbeiträge und Spenden stark von der Reichweite abhängig. Eine sinkende Reichweite durch den Verlust von UKW und die Benachteiligung durch Plattform-Algorithmen im Internet gefährdet akut die Existenz vieler freier Radios.

Wenn also alle mitgenommen werden sollen, muss das Thema weiterhin breit gesellschaftlich, politisch und wirtschaftlich mit allen Beteiligten diskutiert werden – ohne Minderheiten wie die

(7) Europäisches Parlament (Hg.): Beschluss zu gemeinnützigen Bürger- und Alternativmedien in Europa, auf: europarl.europa.eu (25.9.2008).

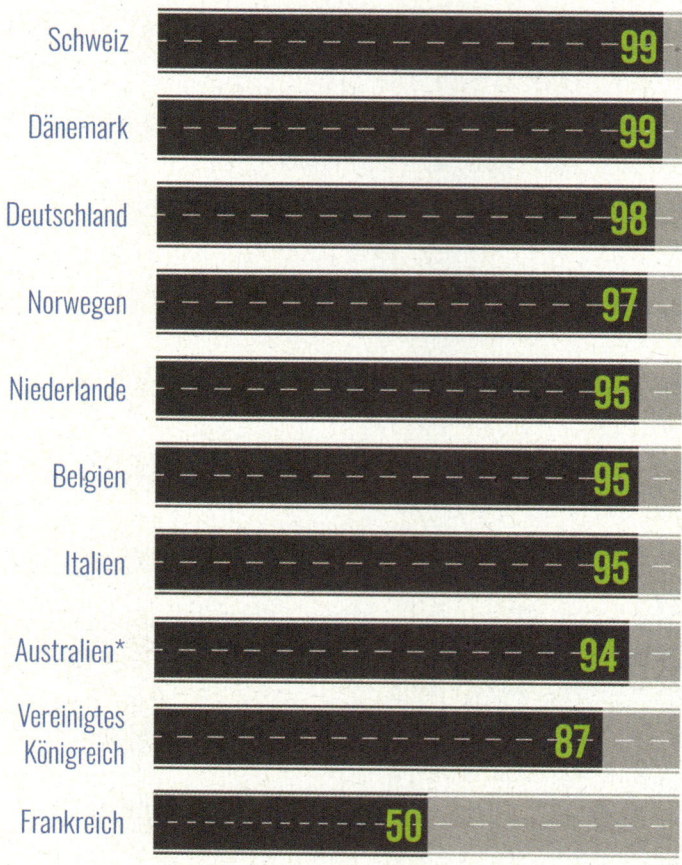

Straßenabdeckung von DAB+
Verbreitung von DAB+ auf Autobahnen,
Schnell- und Kraftfahrzeugstraßen, in Prozent

Land	Prozent
Schweiz	99
Dänemark	99
Deutschland	98
Norwegen	97
Niederlande	95
Belgien	95
Italien	95
Australien*	94
Vereinigtes Königreich	87
Frankreich	50

*DAB+ nur in den acht Hauptstädten verfügbar

(8) Unesco (Hg.): Community Media Sustainability: Strengthening Policies and Funding, auf: cpr. lat (14.9.2015).

(9) Europarat (Hg): Empfehlung des Ministerkomitees der Mitgliedsstaaten der Europäischen Union zu Medienvielfalt und Medientransparenz. 309. Sitzung, auf: freie-radios.de (7.3.2018).

Communitys der freien Radios zu vergessen und mit der Digitalisierung ihre Marginalisierung voranzutreiben. Denn: Wer Journalismus schützen will, vor allem im Lokalen, der darf die Bürgermedien und ihre Rolle als Gegenöffentlichkeit nicht unterschätzen und vergessen. Den gesellschaftlichen Beitrag von Bürgermedien zum Lokaljournalismus und zur Meinungs- und Demokratiebildung haben auch das Europaparlament,[7] die Unesco[8] und der Europarat[9] in den letzten Jahren anerkannt. Dabei spielen auch die Hörer:innen und ihr Nutzer:innenverhalten bei der Entscheidung über die Zukunft des Radios eine entscheidende Rolle. Laut Verbandsvorständin Fratzke bedarf es deswegen jetzt »schnellstmöglich zivilgesellschaftlichen Engagements« und Solidarität mit den Radios derer, die sonst in den etablierten Medien und Plattformen kaum gehört oder erwähnt werden. ♟

ANNA HANSEN
KATAPULT

EINE FIKTIVE IMAGE-KAMPAGNE RUND UM DEN VERZICHT VON MICHAELA KONRAD

ME TRAVEL?

THIS YEAR I'LL STAY AT HOME

and fly to the moon instead ...

SAVE TRANSPORT!

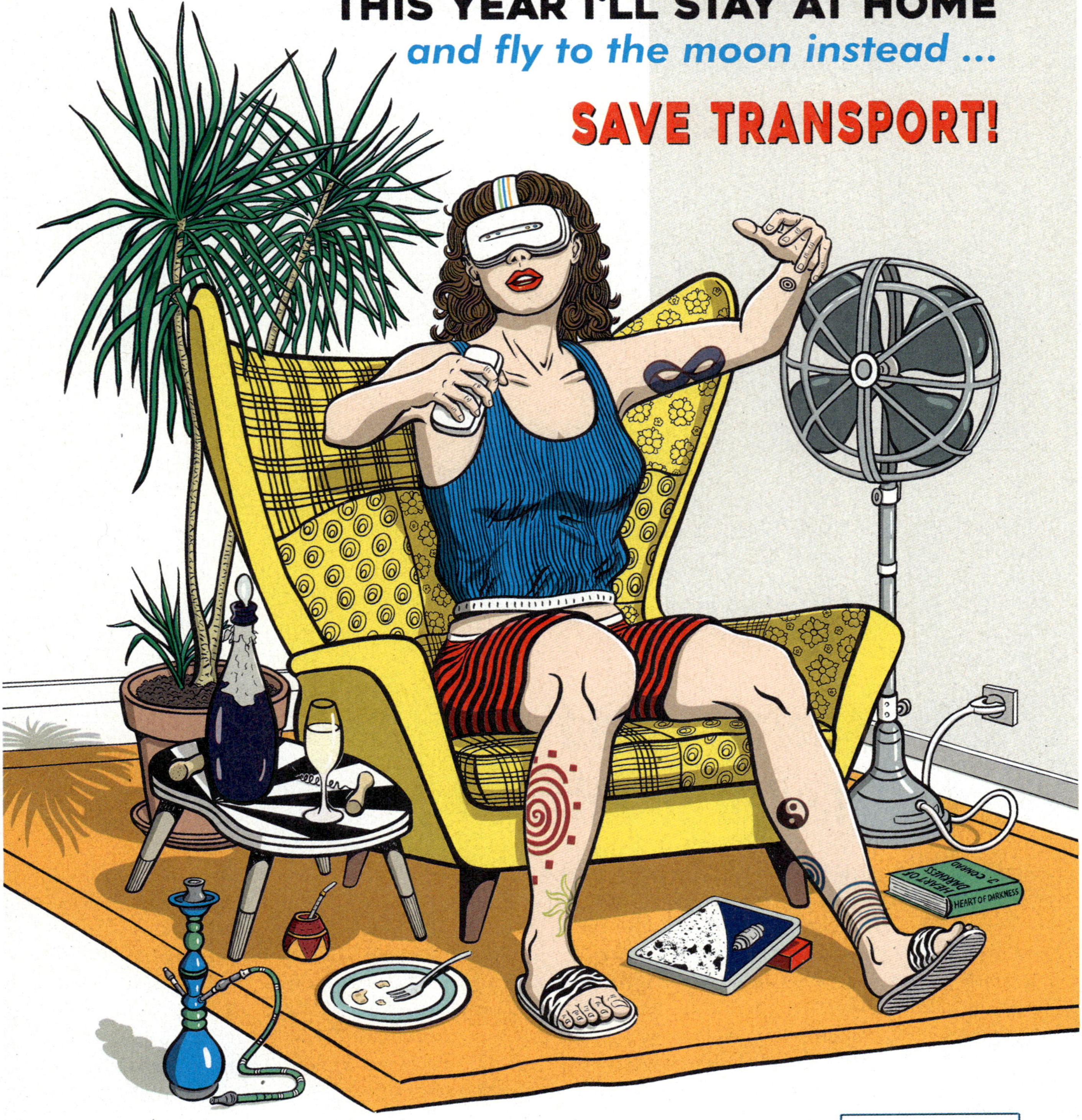

FOR THOSE WHO STAY AT HOME: BORROW YOUR VR EQUIPMENT FROM THE LOCAL RECREATION CLUB AND GET AN EXTRA HOUR OF LEISURE ENERGY PER DAY.

EMBRACE THE FUTURE
COMMITTEE FOR TRANSFORMATION
embracethefuture.org

embracethefuture.org

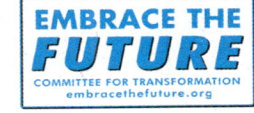

FRAGMENTE

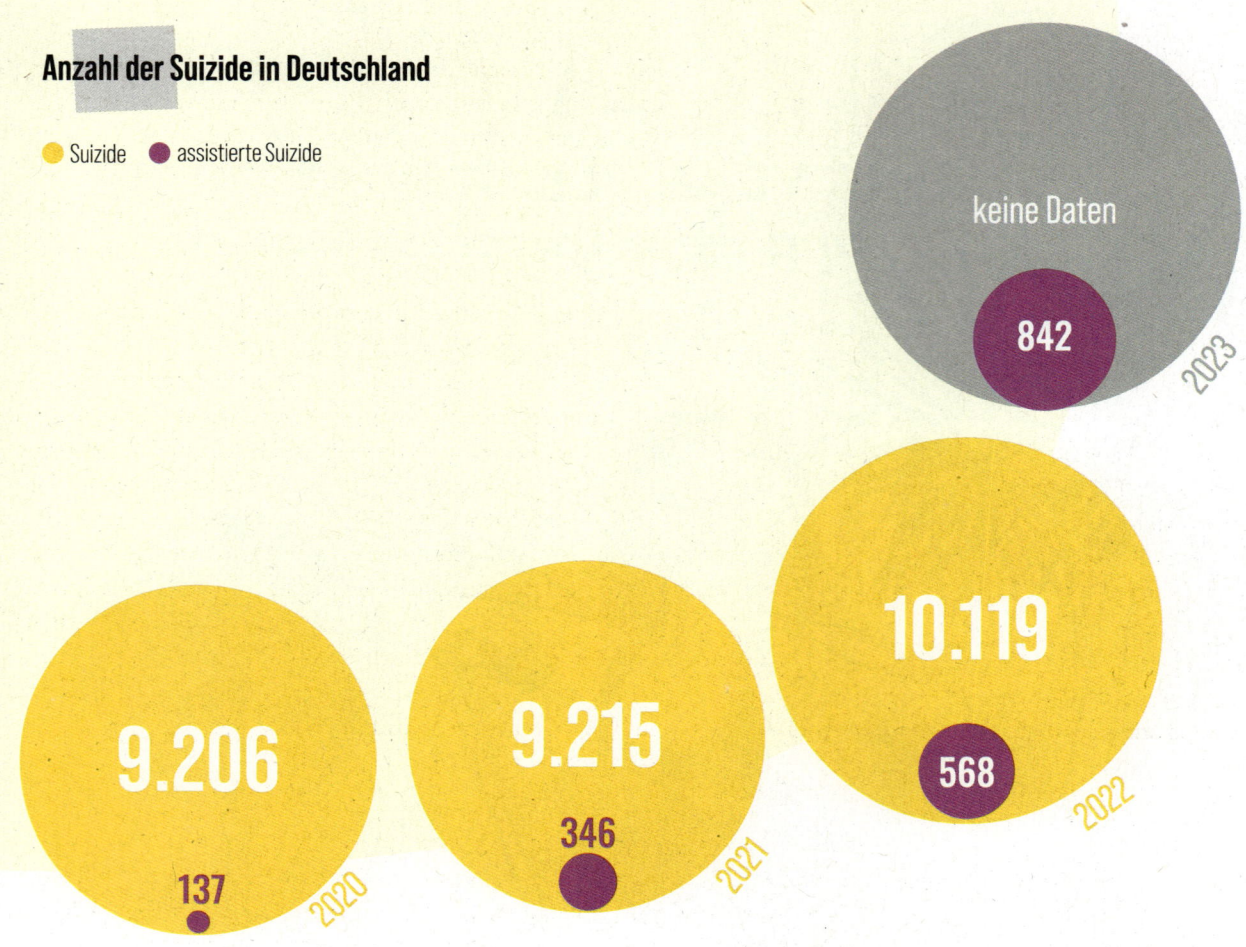

Anzahl der Suizide in Deutschland

● Suizide ● assistierte Suizide

keine Daten

842

2023

10.119

568

2022

9.206

9.215

346

2021

137

2020

STERBEHILFE

Löst assistierter Suizid konventionellen Suizid ab?

Ein Urteil des Bundesverfassungsgerichts kippte 2020 das Verbot der organisierten Sterbehilfe – die Begründung damals: Jeder Mensch habe das Recht auf selbstbestimmtes Sterben. Dieses Recht schließt auch ein, freiwillig die Hilfe von Dritten in Anspruch zu nehmen. Zwischen 2020 und 2023 stieg die Zahl der assistierten Suizide kontinuierlich an. Sterbehilfeorganisationen behaupteten daraufhin, dass sich mehr Menschen für diese Option entschieden, statt sich auf oft brutale Art und Weise selbst das Leben zu nehmen.

Eine Münchner Studie untersuchte dieses Phänomen nun, mit dem Ergebnis, dass eine derartige Verschiebung nicht sehr wahrscheinlich ist. Personen, die Unterstützung beim Suizid nutzten, unterscheiden sich nämlich grundlegend von Personen, die auf konventionelle Art ihr Leben beenden. Erstere waren überwiegend weiblich, hochbetagt und durch Krankheiten vorbelastet. Sie waren häufiger pflegebedürftig und lebten in Pflegeeinrichtungen. Personen, die sich auf herkömmliche Art das Leben nahmen, waren meist männlich und jünger: Ihr Durchschnittsalter lag bei 57 Jahren. Ein Umstand, den beide Gruppen gemein hatten: Häufig lagen psychische und neurologische Erkrankungen vor. Außerdem waren bei zehn Prozent der assistierten Suizide in der Vorgeschichte bereits Selbsttötungsversuche dokumentiert.

Die jährliche Zahl der assistierten Suizide stieg in München zwischetn 2020 und 2023 von 5 auf 40 Fälle. Gleichzeitig erhöhte sich auch die Gesamtzahl der Suizide in Deutschland. ⬦

Gesellschaftlicher Zusammenhalt lässt nach, bleibt aber solide

In ganz Deutschland hat sich der gesellschaftliche Zusammenhalt seit 2020 verschlechtert. Das ist das Ergebnis einer neuen Studie der Bertelsmann-Stiftung. In regelmäßigen Abständen berechnet die Stiftung einen Index, der Faktoren wie Vertrauen in die Mitmenschen und Hilfsbereitschaft berücksichtigt. So können die Studienautoren den Rückgang beziffern: Lag der Index im Jahr 2020 noch bei einem Wert von 61, sank er 2023 auf nur noch 52 Punkte. Bemerkenswert, denn zwischen 2017 und 2020 waren die Werte konstant geblieben. Die Autoren vermuten, dass »Krisen wie Pandemie, Krieg und Inflation ihre Spuren beim Zusammenhalt hinterlassen« haben, bescheinigen jedoch zugleich, dass angesichts der zahlreichen Belastungen der Zustand »weiterhin solide« sei.

Die Forscher teilten die rund 5.000 Befragten nach dem Grad ihrer sozialen Einbindung in vier Bevölkerungsgruppen ein. Jene an den Enden dieses Spektrums – die »Entfremdeten« und die »Eingebundenen« – würden zunehmend in einen Gegensatz geraten. Die Entfremdeten fühlen sich zum Beispiel ungerecht behandelt, haben wenig Freunde, empfinden ihr soziales Umfeld als problembelastet und misstrauen eher ihren Mitmenschen wie auch den Institutionen. Fast 35 Prozent dieser Gruppe würden die AfD wählen. Die Eingebundenen hingegen weisen in allen Kategorien höhere Werte auf. Sie wählen häufiger Parteien der Mitte, haben in der Regel ein höheres Einkommen sowie höhere Bildungsabschlüsse und leben häufiger in Westdeutschland. Darin spiegelt sich auch ein weiteres Kernergebnis der Studie wider: Ein starker gesellschaftlicher Zusammenhalt »hängt von soliden wirtschaftlichen und demografischen Strukturen ab«. ♟

Gesellschaftlicher Zusammenhalt

Gesamtwert, nach Bundesländern

Zur Methodik:
Auf der Grundlage von neun Kriterien wie Hilfsbereitschaft oder Vertrauen in die Mitmenschen bildeten die Forscher einen Gesamtindex, für den sie anhand der Antworten von über 5.000 Befragten einen Wert zwischen 0 und 100 errechneten. Dieser gibt den Grad des gesellschaftlichen Zusammenhalts an.

2017

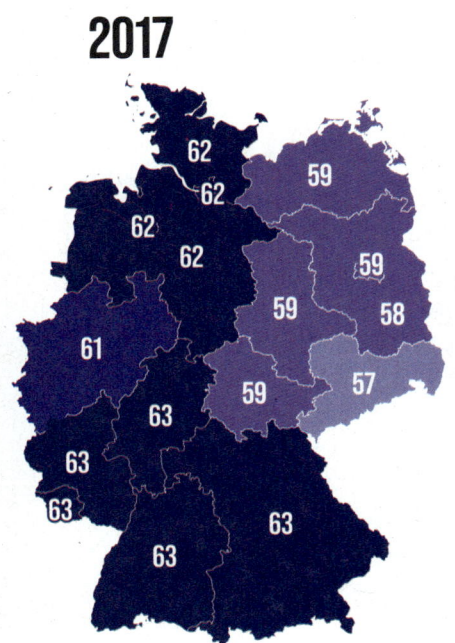

2020

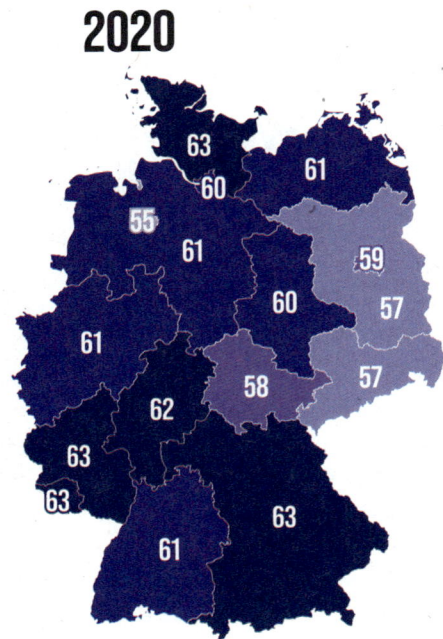

2023

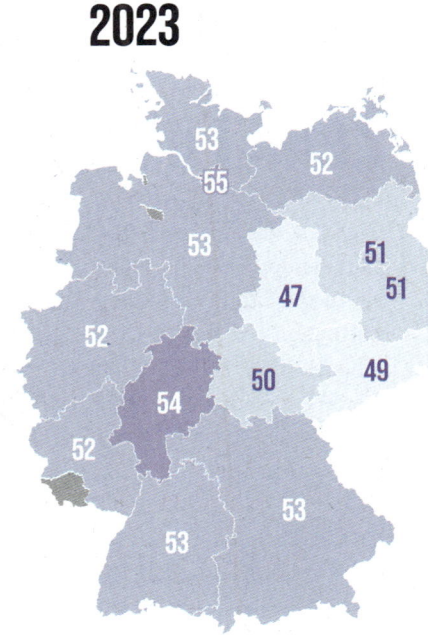

Die Länder mit dem größten Verlust an tropischen Urwäldern
in Quadratkilometern, 2023

Kolumbien
700

Peru
1.500

Bolivien
4.900

Brasili
11.40

ENTWALDUNG

Zehn Fußballfelder pro Minute

Die Zeit wird knapp: Die Staats- und Regierungschefs von 145 Ländern haben versprochen, den Waldverlust bis 2030 zu stoppen. In den nächsten Jahren sollte also ein Umdenken stattfinden. Im Jahr 2023 betrug der Gesamtverlust an tropischen Urwäldern 3,7 Millionen Hektar, eine Fläche so groß wie Hessen und Thüringen zusammen. Umgerechnet heißt das: zehn Fußballfelder Waldverlust pro Minute. Damit ist die Abholzungsrate in etwa so hoch wie in den Jahren 2019 und 2021.

Länder wie Brasilien und Kolumbien verzeichneten zwar einen bemerkenswerten Rückgang des Urwaldverlustes um 36 beziehungsweise 49 Prozent. Dem gegenüber stehen je-

doch Länder wie Bolivien, Laos und Nicaragua, in denen der Waldverlust zwischen 2022 und 2023 stark zunahm. Auch in anderen Ländern ist ein Anstieg zu verzeichnen, wenn auch in geringerem Ausmaß.

Mittlerweile gibt es nur noch einen letzten großen Tropenwald, der mehr Kohlenstoff aufnimmt, als er ausstößt: die zusammenhängenden Regenwälder im Kongobecken in der Demokratischen Republik Kongo. Doch auch diese sind in Gefahr, denn sie werden weiterhin unablässig abgeholzt. Da einige Staaten politischen Willen zeigen, den Waldverlust einzudämmen, andere jedoch nicht, verschieben sich lediglich die Grenzen des Waldverlustes. Das Ergebnis bleibt das gleiche. ⬧

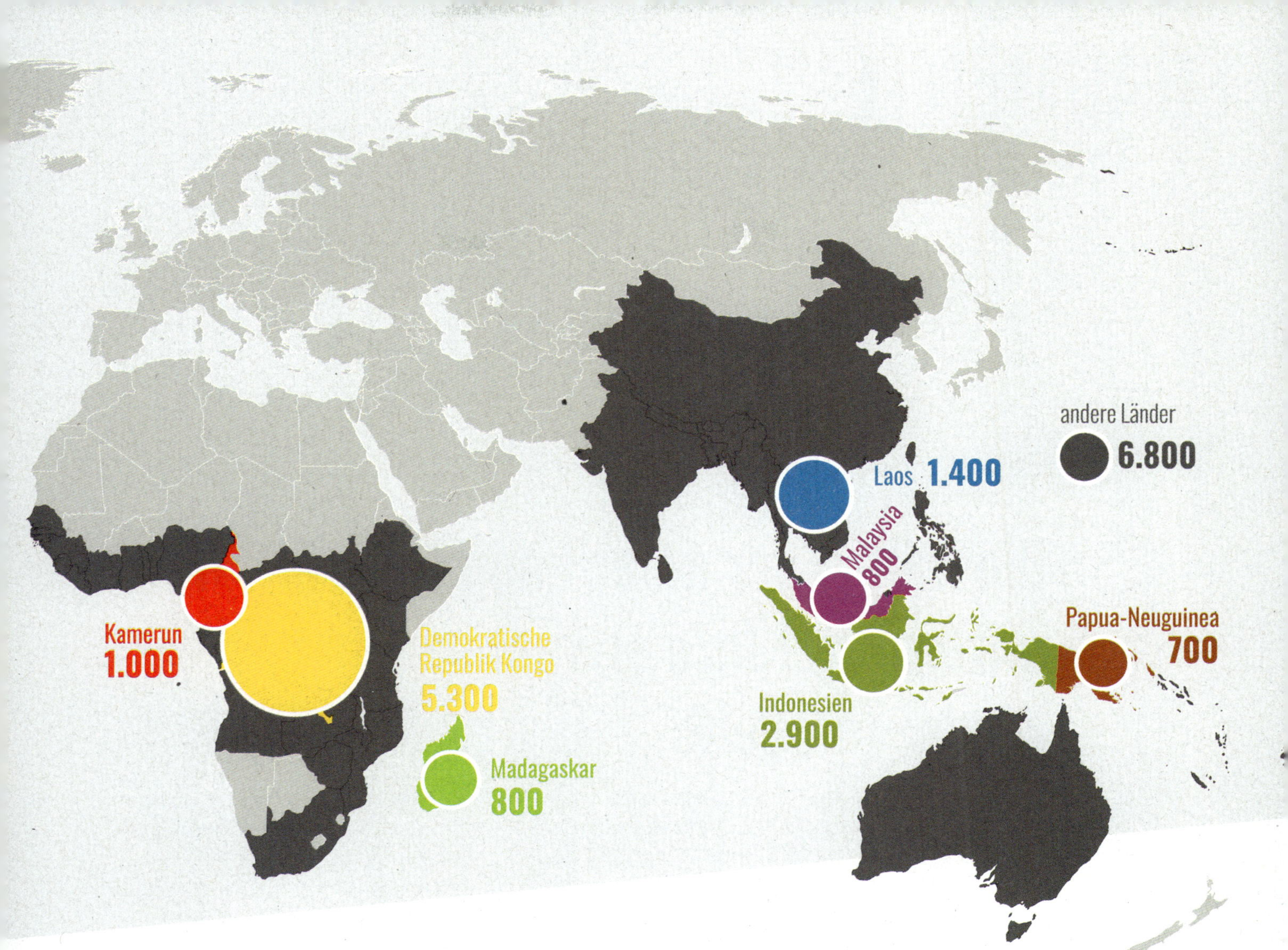

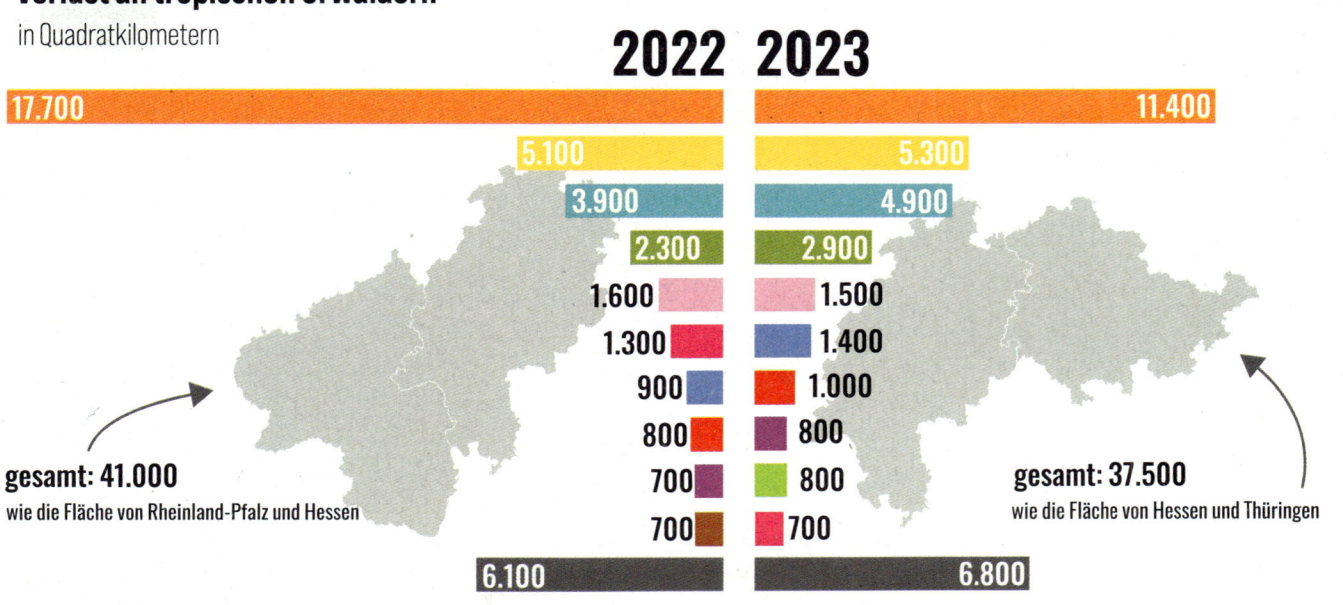

andere Länder
6.800

Laos **1.400**

Malaysia
800

Papua-Neuguinea
700

Kamerun
1.000

Demokratische
Republik Kongo
5.300

Madagaskar
800

Indonesien
2.900

Verlust an tropischen Urwäldern

in Quadratkilometern

2022   2023

2022		2023
17.700		11.400
5.100		5.300
3.900		4.900
2.300		2.900
1.600		1.500
1.300		1.400
900		1.000
800		800
700		800
700		700
6.100		6.800

gesamt: 41.000
wie die Fläche von Rheinland-Pfalz und Hessen

gesamt: 37.500
wie die Fläche von Hessen und Thüringen

FRAGMENTE

FINANZIELLE UNSICHERHEIT

Die Hälfte der amerikanischen Eltern unterstützt ihre erwachsenen Kinder mit Geld

Viele volljährige US-Amerikaner:innen werden weiterhin von ihren Eltern finanziell unterstützt: Laut einer Umfrage ist das bei 47 Prozent der Fall. Kinder mit Behinderungen wurden bei der Berechnung ausgenommen.

Befragt wurden 1.000 Eltern. Die Teilnehmenden waren je zur Hälfte Männer und Frauen, durchschnittlich 56 Jahre alt und verfügten über ein Jahreseinkommen zwischen 50.000 und 74.999 US-Dollar. Das Durchschnittsalter der erwachsenen Kinder, die finanzielle Hilfe erhielten, lag bei 22 Jahren. Am häufigsten erhielt die sogenannte Generation Z (18-27 Jahre) elterliche Hilfe, aber immerhin 21 Prozent der Eltern gaben ihren Kindern aus der Gruppe der Millennials (28-43 Jahre) oder der Generation X (44-59 Jahre) Geld.

Die finanzielle Unterstützung betrifft also nicht nur die Kinder, die gerade erwachsen geworden sind. Auch die Höhe ist nicht unbeachtlich: Im Durchschnitt geben die Eltern ihren erwachsenen Kindern 1.384 Dollar im Monat. Das ist fast doppelt so hoch wie der Betrag, den noch berufstätige Eltern monatlich für ihre eigene Rente zurücklegen können (durchschnittlich 609 Dollar). Im Gegenzug beteiligen sich nur 39 Prozent der erwachsenen Kinder, die noch bei ihren Eltern wohnen, finanziell am gemeinsamen Haushalt.

Dieser finanzielle Druck scheint auf den Eltern zu lasten. 61 Prozent der Befragten gaben an, sich dafür verantwortlich zu fühlen, ihren erwachsenen Kindern finanziell zu helfen. Allerdings stimmten 58 Prozent der Befragten zu, ihre eigene finanzielle Sicherheit zugunsten ihrer erwachsenen Kinder geopfert zu haben. In einer identischen Umfrage ein Jahr zuvor antworteten so nur 37 Prozent der Eltern. ♥

Wie viel Geld erwachsene Kinder von ihren Eltern bekommen

in den USA, durchschnittlich, in Euro (Stand Mai 2024)

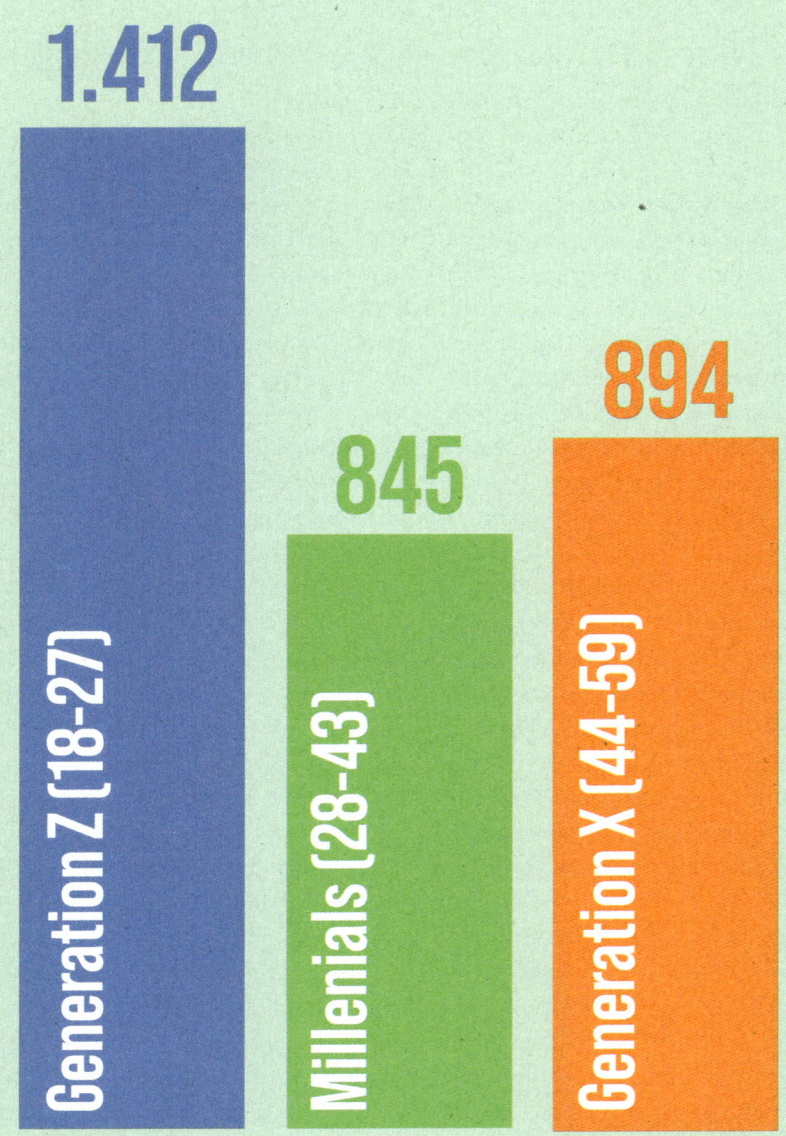

1.412 — Generation Z (18–27)

845 — Millenials (28–43)

894 — Generation X (44–59)

Bündelung von Maßnahmen ist eine Hürde für den Klimaschutz

Studie: „Neutral and negative effects of policy bundling on support for decarbonization" von Renae Marshall, Sarah E. Anderson, Leaf Van Boven, Laith Al-Shawaf und Matthew G. Burgess (März 2024)

Kurz: Werden Klimaschutzvorhaben mit anderen politischen Maßnahmen gebündelt, kann das zu einem Rückgang der öffentlichen Unterstützung führen.

Maßnahmen und Gesetze werden oftmals gebündelt, um mit weniger Aufwand mehr zu erreichen und die Gesetzgebung für eine breitere Bevölkerungsschicht attraktiver zu machen. Eine neue Studie der Universitäten von Kalifornien und Colorado legt jedoch nahe, dass dies nicht immer von Vorteil sein muss. Die Untersuchung zeigt, dass die Bündelung von klimapolitischen Maßnahmen mit anderen Vorhaben deren Beliebtheit nicht unbedingt steigert, sondern sogar bewirken kann, dass die Unterstützung der Öffentlichkeit zurückgeht.

Werden Maßnahmen zur Dekarbonisierung (fossile Brennstoffe werden durch erneuerbare Energiequellen ersetzt, um Treibhausgasemissionen zu verringern oder zu vermeiden) mit anderen politischen Themen, etwa Maßnahmen zur Integration von Migrant:innen, kombiniert, so sinkt die Zustimmung dafür. Denn: Menschen lehnen politische Maßnahmen, denen sie skeptisch gegenüberstehen, stärker ab, als sie solche unterstützen, die sie für gut befinden.

Die Forschenden befragten 2.521 US-Amerikaner:innen zu ihrer Meinung zu verschiedenen Schritten gegen den Klimawandel. Während eine Gruppe zu Maßnahmen befragt wurde, die nur die Klimapolitik betrafen, wurden andere Testpersonen zu klimapolitischen Maßnahmen befragt, die mit anderen Maßnahmen verbunden waren: dem Aufschub von Umweltschutzmaßnahmen, Ausgaben für Infrastruktur (Verbesserung von Straßen, Brücken und Schienen), der wirtschaftlichen Umverteilung (beispielsweise Steuererhöhungen für Reiche) und der Sozialpolitik (etwa der Einrichtung einer Kommission für Gerechtigkeit und Gleichberechtigung). Alle Maßnahmen beruhten auf realen Gesetzen oder Vorschlägen auf Landes- oder Bundesebene.

Wurden klimapolitische Maßnahmen mit dem Aufschub von Umweltschutzmaßnahmen kombiniert, kostete das die Unterstützung von linken Wähler:innen und aus der Mitte, während die Bündelung von klima- und sozialpolitischen Maßnahmen die Entscheidung von konservativen und gemäßigten Wähler:innen negativ beeinflusste. Infrastrukturausgaben sowie die wirtschaftliche Umverteilung hatten keine Auswirkungen auf den Rückhalt der Testpersonen.

Trotz der Nachteile sprechen auch einige Gründe für die Bündelung von Maßnahmen. Eine Studie aus dem Jahr 2020 zeigt, dass bestimmte Kombinationen die Unterstützung für klimapolitische Maßnahmen erhöhen können – sofern die richtigen Verbindungen gefunden werden. Außerdem sind viele Expert:innen der Meinung, dass Genehmigungsverfahren verkürzt und der bürokratische Aufwand

Beliebtheit von Maßnahmenbündeln

Unterstützung in der Bevölkerung (0 = starke Ablehnung, 1 = starke Zustimmung)
Befragung von 2.521 erwachsenen US-Amerikanern, 2021

Maßnahmen zur Dekarbonisierung gebündelt mit ... Sozialpolitik   wirtschaftlicher Umverteilung

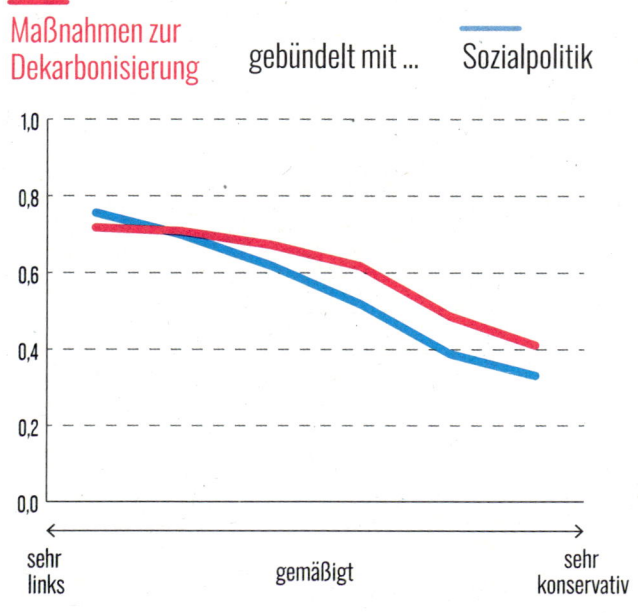

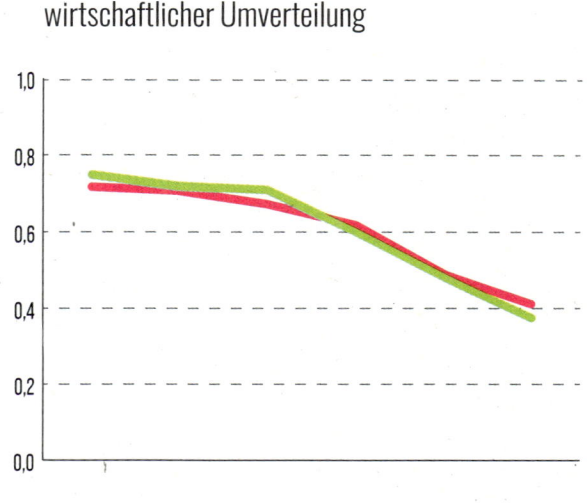

Infrastrukturausgaben   Aufschub von Umweltmaßnahmen

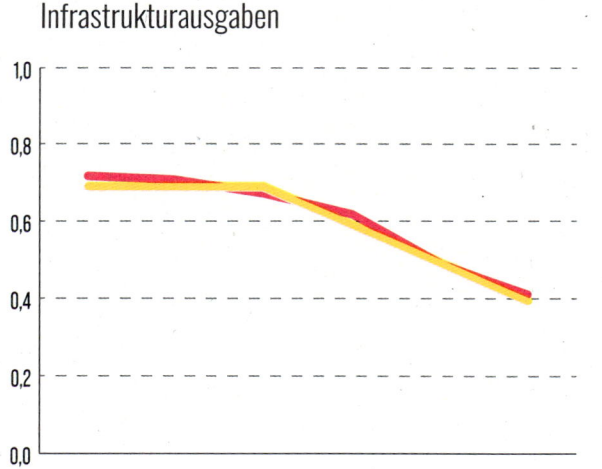

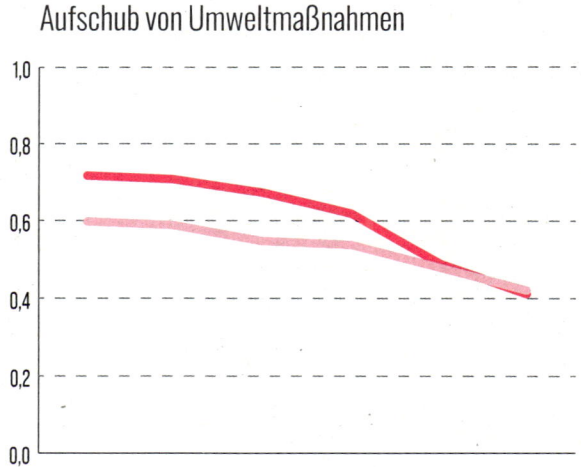

reduziert werden müssen, um die Energiewende zu beschleunigen. Maßnahmenbündel, die neben der Klimapolitik auch die soziale Gerechtigkeit berücksichtigen oder den Abbau von Vorschriften zum Ziel haben, können sinnvoll sein, auch wenn sie potenziell weniger Zustimmung erfahren.

Studiendesign

Stil 🔍
Messzeitraum ⧖
Erhebung 🧪
Veröffentlichung ▯

quantitativ
Querschnitt
Experiment
Fachzeitschrift

FRAGMENTE

Der häufigste Nachname in den japanischen Präfekturen
2024

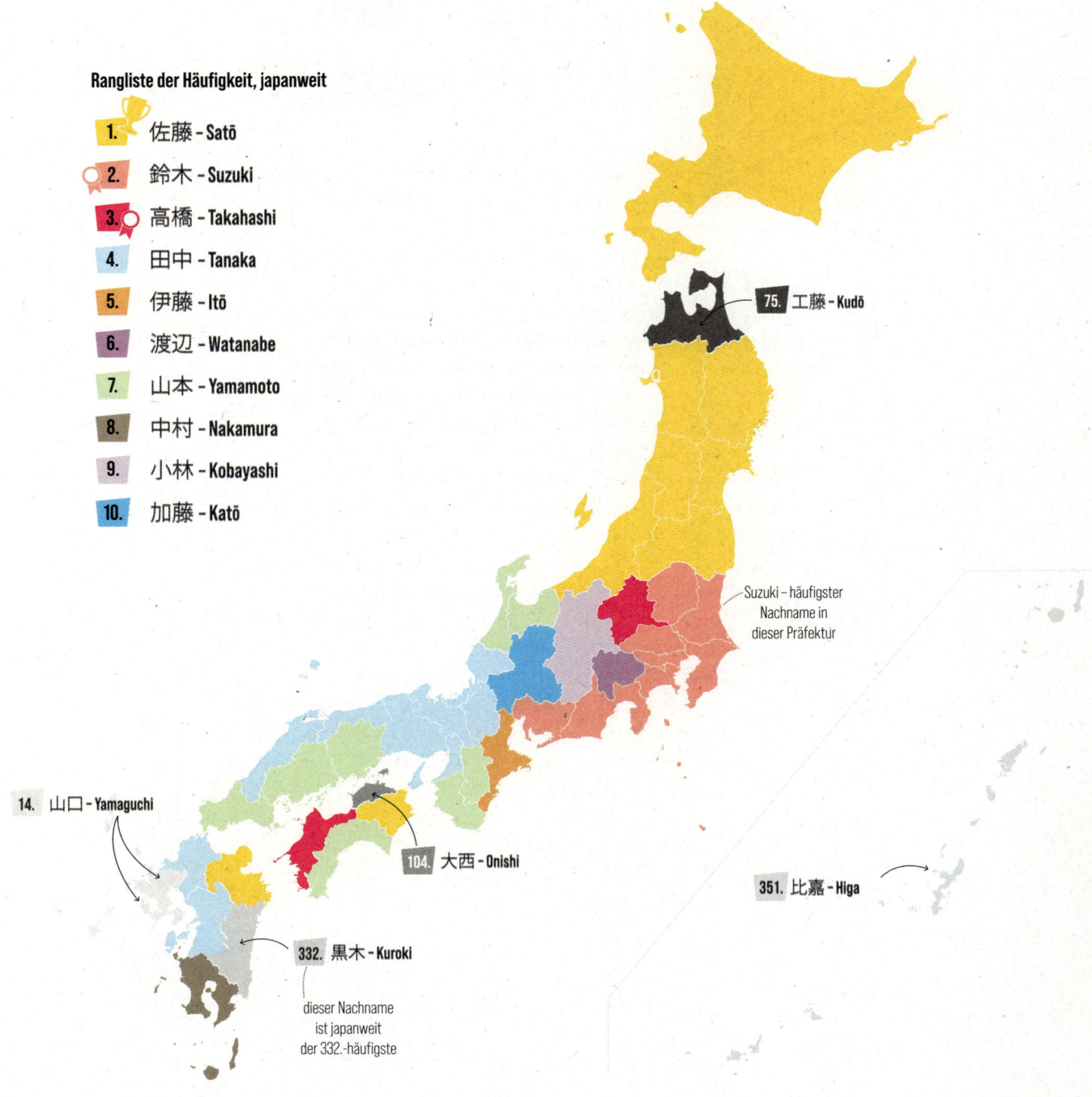

Rangliste der Häufigkeit, japanweit

1. 佐藤 – Satō
2. 鈴木 – Suzuki
3. 高橋 – Takahashi
4. 田中 – Tanaka
5. 伊藤 – Itō
6. 渡辺 – Watanabe
7. 山本 – Yamamoto
8. 中村 – Nakamura
9. 小林 – Kobayashi
10. 加藤 – Katō

75. 工藤 – Kudō

Suzuki – häufigster Nachname in dieser Präfektur

14. 山口 – Yamaguchi

104. 大西 – Onishi

351. 比嘉 – Higa

332. 黒木 – Kuroki

dieser Nachname ist japanweit der 332.-häufigste

In Japan heißen bald alle Menschen Satō

In 500 Jahren wird die gesamte japanische Bevölkerung den Nachnamen Satō tragen. Das ist das Ergebnis einer im April veröffentlichten Studie von Hiroshi Yoshida, Professor für Wirtschaftswissenschaften an der Tohoku-Universität. Bereits jetzt teilen sich 1,5 Prozent der Bevölkerung diesen Namen, womit Satō der häufigste Nachname des Landes ist. Verbreitet sich der Name weiterhin so schnell wie bis jetzt, heißen im Jahr 2446 bereits mehr als die Hälfte aller Japanerinnen und Japaner Satō, so die Prognose.

Etwa hundert Jahre später wäre dann die gesamte Bevölkerung namensverwandt. Der Grund für diese Entwicklung: Japan ist das einzige Land, das Eheleuten vorschreibt, den gleichen Nachnamen zu tragen. Viele Nachnamen sterben durch diese strenge Regelung aus. Paare haben zwar die Wahl, sich für einen ihrer beiden Nachnamen zu entscheiden. In 95 Prozent der Fälle ist es aber die Frau, die ihren Namen ändern lässt. In Zusammenarbeit mit dem *Think Name Project* möchte Yoshida auf die Gesetzgebung aufmerksam machen. Denn alternative Berechnungen aus der Studie zeigen, dass bei einer Änderung der Vorschrift der Zustand erst 750 Jahre später eintreten würde. Für Yoshida aber irrelevant, denn Berechnungen des Nationalen Instituts für Bevölkerungsforschung zufolge wird es im Jahr 3310 wegen der sinkenden Geburtenrate sowieso nur noch 22 Japanerinnen und Japaner geben. ⚲

FRAGMENTE

Wenn die Firma fürs Kinderkriegen zahlt

Nirgendwo ist die Geburtenrate so niedrig wie in Südkorea. Prognosen zufolge könnte sich die Erwerbsbevölkerung des Landes bis 2072 halbieren. Eines der Probleme, die sich daraus ergeben: Firmen haben es zunehmend schwerer, Arbeitskräfte im erwerbsfähigen Alter zu finden. Der Staat steuert mit Subventionen zwar dagegen, bislang zeigen die Maßnahmen jedoch kaum Wirkung. Nun schaltet sich auch die Privatwirtschaft ein: Firmen versprechen ihren Angestellten besonders lukrative Prämien, wenn die-

se ein Kind bekommen. Umgerechnet bis zu 3.440 Euro pro Neugeborenes bieten beispielsweise der Autohersteller Hyundai oder der größte Stahlproduzent des Landes, Posco. Das Bauunternehmen Booyoung geht sogar noch weiter: Dort erhalten Männer und Frauen ab sofort Kinderprämien von bis zu 69.000 Euro. Die Idee hinter der großzügigen Zahlung: Die Beschäftigten sollen leichter eine Familie gründen können, ohne dadurch ihre Karriere zu gefährden. ♦

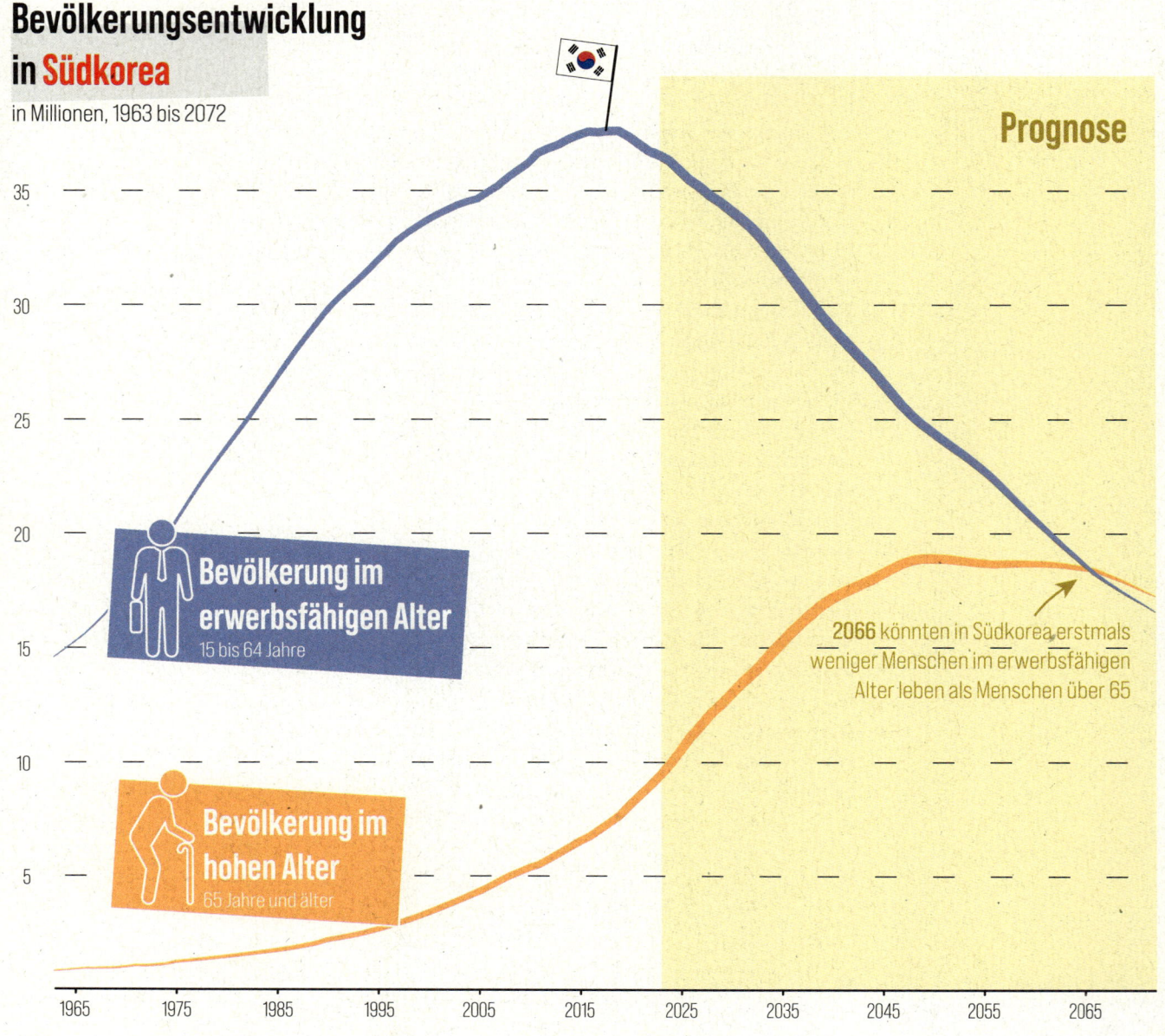

Bevölkerungsentwicklung in Südkorea

in Millionen, 1963 bis 2072

Prognose

Bevölkerung im erwerbsfähigen Alter
15 bis 64 Jahre

Bevölkerung im hohen Alter
65 Jahre und älter

2066 könnten in Südkorea erstmals weniger Menschen im erwerbsfähigen Alter leben als Menschen über 65

Trock'ne Zahlen

AfD-Mitglieder in Sachsen

2.800

Grünen-Mitglieder in Sachsen

3.600

Quelle: Leipziger Volkszeitung (Stand 31.12.2023)

Kriege stärken rechtsnationale Parteien

Studie: „War and Nationalism: How WW1 Battle Deaths Fueled Civilians' Support for the Nazi Party" von Alexander De Juan, Felix Haass, Carloa Koos, Sascha Riaz und Thomas Tichelbaecker (2024)

Kurz: In Gebieten, die im Ersten Weltkrieg überdurchschnittlich viele Gefallene zu verzeichnen hatten, wählten die Menschen in der Weimarer Republik häufiger rechtsnationale Parteien.

Die Gefahr eines zwischenstaatlichen Konfliktes ist in den Wochen nach einem Nationalfeiertag bis zu 30 Prozent größer als sonst. Nationalistische Einstellungen in der Bevölkerung, die an einem Gedenktag besonders betont werden, können also zu Kriegen führen. Gilt dieser Zusammenhang aber auch andersherum? Machen Kriege die davon betroffene Bevölkerung rechtsextremer? Ja, so das Ergebnis einer Studie, die kürzlich im *American Political Science Review* erschien.

Die Wissenschaftler:innen verglichen hierfür zwei Faktoren miteinander: die Zahl der im Ersten Weltkrieg gefallenen Soldaten in einer Region und die dortigen Wahlergebnisse der NSDAP und der Deutschnationalen Volkspartei (DNVP) bei den Reichstagswahlen zwischen 1920 und 1933. Das Ergebnis: In Landkreisen mit überdurchschnittlich hohen Gefallenenzahlen erzielten die NSDAP und die DNVP rund 2,6 Prozentpunkte mehr Stimmen als in Regionen, in denen die Opferzahlen unter dem Durchschnitt lagen.

Sowohl die NSDAP als auch die DNVP vertraten nationalistische Positionen und lehnten die Demokratie ab. Der Krieg ließ Teile der Bevölkerung also rechtsextremer wählen. Aber was genau war der Mechanismus hinter dieser Radikalisierung? Laut den Autor:innen verstärkte der Verlust von Familienangehörigen oder Freunden an der Front die Bindung zur eigenen »Gruppe«, in diesem Fall zur Nation, und führte zu einer Abwertung anderer Nationen. Das kam nationalistischen Parteien zugute, die auf diese Weise durch den Krieg Stimmen hinzugewannen. Verloren Menschen ihre Angehörigen an der Front, fühlten sie sich bei rechtsnationalen Parteien eher aufgehoben. In weiteren Tests konnten die Autor:innen Belege für diesen Wirkmechanismus finden: In Regionen, die traditionell öffentlich ihrer Toten gedachten, etwa in Form von Denkmälern, und so – nach Auffassung der

Forscher:innen – die eigene Nation aufwerteten, verzeichneten die beiden Parteien einen besonders großen Stimmenzuwachs.

Die Autor:innen betonen, dass dieser Mechanismus bei der Zivilbevölkerung wirkte, die nicht selbst an der Front hatte kämpfen müssen. Bei Veteranen hingegen, die schlimme Gräueltaten – auch aus den eigenen Reihen – miterlebten, führte die Kriegserfahrung eher dazu, dass sie konservative und nicht rechtsnationale Parteien wählten.

Wie gut sich diese Ergebnisse auch auf andere Kriege übertragen lassen, müsse in weiteren Studien überprüft werden, so die Wissenschaftler:innen. Erste Tests deuten darauf hin, dass das Ergebnis und der beschriebene Mechanismus allgemeine Gültigkeit haben könnten. Hierfür nutzten die Autor:innen die Daten einer groß angelegten Befragung aus dem Jahr 2016 mit über 51.000 Teilnehmenden aus Osteuropa und der ehemaligen Sowjetunion. Neben Fragen zur politischen Einstellung erfasste der Fragebogen auch, ob Angehörige der eigenen Familie im Zweiten Weltkrieg gefallen sind. Das Forschungsteam kommt bei einer Großzahl der untersuchten Länder zu dem Ergebnis, dass hohe Opferzahlen in der Familie mit einer geringen Akzeptanz gegenüber anderen Nationen verbunden sind. ⬥

studiendesign

Stil 🔍	quantitativ
Messzeitraum ⧖	Längsschnitt
Erhebung 🧪	vorhandene Daten
Veröffentlichung 🗒	Fachzeitschrift

Die „Bierbrille" funktioniert nicht

Studie: „Beer Goggles or Liquid Courage? Alcohol, Attractiveness Perceptions, and Partner Selection Among Men" von Molly A. Bowdring und Michael A. Sayette

Kurz: Alkoholkonsum macht das Gegenüber nicht attraktiver, steigert aber den Mut.

»Sich jemanden schöntrinken« bedeutet: Je mehr Alkohol man im Blut hat, desto attraktiver wird das Gegenüber an der Bar. Im Englischen gibt es dafür den Begriff *beer goggles,* also Bierbrille, wohl vergleichbar mit der rosaroten Brille von Verliebten. Der deutsche Philosoph Mickie Krause widmete dem Phänomen sogar ein Lied: »Geh mal Bier hol'n / Du wirst schon wieder hässlich / Ein, zwei Bier / Und du bist wieder schön ...«

Aber klappt das wirklich? Das wurde in einer klein angelegten Studie der US-Universitäten Stanford und Pittsburgh untersucht. Hierfür wurde das Verhalten von 36 Männern zwischen 21 und 27 Jahren begutachtet. Die Studie kommt zu dem Ergebnis, dass Alkohol bei den Testpersonen nicht beeinflusste, wen sie als attraktiv empfanden. Eine »Bierbrille« scheint es also nicht zu geben. Allerdings wirkte sich der Alkoholkonsum darauf aus, wie wahrscheinlich eine Kontaktaufnahme war – die Männer wurden kontaktfreudiger. In der Praxis bedeutet das: Zwar macht Alkohol das Gegenüber für die Trinkenden nicht schöner, ermutigt sie aber, mit den Menschen in Kontakt zu treten, die ihnen äußerlich gefallen.

Studiendesign

Stil 🔍	quantitativ
Messzeitraum ⧗	Querschnitt
Erhebung 🧪	Experiment
Veröffentlichung 🗒	Fachzeitschrift

Das Unterdrücken von Langeweile schadet der Produktivität

Studie: „Breaking boredom: Interrupting the residual effect of state boredom on future productivity" von Casher Belinda, Shimul Melwani und Chaitali Kapadia (Januar 2024)

Kurz: Der Versuch, Langeweile bei der Arbeit zu unterdrücken, verlängert ihre Auswirkungen. Ein Wechsel zwischen langweiligen und sinnstiftenden Aufgaben kann dazu beitragen, leistungsfähig zu bleiben.

Der Blick schweift aus dem Fenster, der Geist verliert sich in Tagträumen – das sind erste Anzeichen von Langeweile. Studien zeigen, dass sich Arbeitnehmer vor allem am Arbeitsplatz häufiger langweilen. Im Durchschnitt mehr als zehn Stunden pro Woche.

Langeweile erfüllt eigentlich einen wichtigen Zweck: Sie zeigt an, wenn es an der Zeit ist, eine Tätigkeit zu unterbrechen und sich einer alternativen Aufgabe zu widmen. Doch häufig ist das nicht möglich. Die naheliegende Lösung: den Blick wieder auf den Bildschirm heften und die Langeweile so gut es geht unterdrücken. Aber Langeweile kann zum Problem werden, wenn sie ignoriert wird.

Neue Forschungsergebnisse der University of Notre Dame legen nahe, dass der Versuch, Langeweile zu unterdrücken, die falsche Strategie ist, wenn Ergebnisse gefragt sind. Die Forschenden empfehlen einen Wechsel zwischen langweiligen und sinnvollen Aufgaben, um zu verhindern, dass die negativen Auswirkungen einer langweiligen Aufgabe auf andere Aufgaben übergreifen und die Produktivität verringern.

Die Studie zeigt: Wenn man Langeweile ignoriert und langweilige Aufgaben um jeden Preis fertigstellt, führt dies zu Aufmerksamkeits- und Produktivitätsdefiziten, die sich auch auf nachfolgende Tätigkeiten negativ auswirken. Die Forschenden sind sich einig, dass der Versuch, Langeweile zu unterdrücken, dazu führt, dass ihre schädlichen Auswirkungen sogar länger anhalten.

Langeweile lässt sich nicht immer vermeiden. Aber durch einen abwechslungsreichen Arbeitsalltag und sinnvolle Aufgaben kann die Langeweile klein gehalten und der eigene Akku wieder aufgeladen werden. ⬇

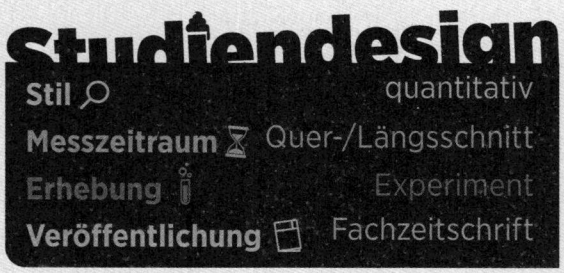

studiendesign

Stil 🔍	quantitativ
Messzeitraum ⏳	Quer-/Längsschnitt
Erhebung 👤	Experiment
Veröffentlichung 📖	Fachzeitschrift

Welche sind die langweiligsten Jobs?
2.380 Befragte weltweit, Dezember 2022 bis Februar 2023

Generation Z, Millenials, Generation X (18 bis 5

 **1.** Dateneingabe

2. Schreiben

3. Kundenbetreuung

Babyboomer (60 bis 78)

1. IT

2. Design

3. Marketing

Dem gesellschaftlichen Klima auf der Spur

Schon relativ kleine Veränderungen – wie technologische Innovationen oder politische Entscheidungen – können weitreichende Veränderungen in der gesamten Gesellschaft auslösen. Die Wissenschaft nennt dies »soziale Kipp-Punkte«. Das Konzept dieser Kipp-Punkte ist besonders interessant, weil es hilft, dynamische Veränderungen in Gesellschaften zu verstehen und möglicherweise sogar gezielter zu gestalten.

VON **VERENA KANTROWITSCH** UND **FELIX PETER**

(1) Abson, D. J. u.a.: Leverage points for sustainability transformation, in: Ambio, (46)2017, Nr. 1, S. 30-39; Otto, I. M. u.a.: Social tipping dynamics for stabilizing Earth's climate by 2050, in: Proceedings of the National Academy of Sciences, (117)2020, Nr. 5, S. 2354-2365.

(2) World Economic Forum (Hg.): The global risks report 2022. 17th edition. Insight Report, Cologny 2022.

(3) Juhola, Sirkku u.a.: Social tipping points and adaptation limits in the context of systemic risk: Concepts, models and governance, in: Frontiers in Climate, (4)2022.

Stellen Sie sich unsere Gesellschaft und die Umwelt als ein komplexes Netzwerk vor, ähnlich einem Spinnennetz. Nur dass dieses Spinnennetz keine flache Scheibe ist, sondern eine Kugel, die aus unzähligen kleineren, kugelförmigen Spinnennetzen besteht, die wiederum aus unzähligen kleinen kugelförmigen Spinnennetzen bestehen und so weiter. In diesem komplexen Netz gibt es bestimmte Knotenpunkte, die besonders wichtig sind. Jede Bewegung an einem solchen Punkt kann das gesamte Netz erreichen. Verändern sich diese Knoten, kann das weitreichende Auswirkungen auf das ganze Netzwerk haben – im Positiven wie im Negativen.

Besonders interessant sind jene Knotenpunkte, an denen eine kleine Veränderung einen vergleichsweise großen Effekt bewirkt:[1] Wenn hier ein Hebel angesetzt wird, so die Idee, ließe sich relativ schnell relativ viel verändern. Solche Hebelpunkte stehen aktuell stark im Fokus der Forschung, da die sozial-ökologischen Krisen – insbesondere die Erderhitzung, das Artensterben und die Verschlechterung der menschlichen Lebensbedingungen[2] – immer drängender werden und bislang nicht entscheidend eingedämmt werden konnten.

Eine Krisendynamik, die die Menschheit über die Grenzen ihrer Anpassungsfähigkeit hinauskatapultieren würde,[3] droht beispielsweise bei einer ungebremsten Erderhitzung.[4] Ein Anstieg der globalen Durchschnittstemperatur um mehr als 1,5 Grad Celsius gegenüber dem vorindustriellen Niveau wird dabei mit verschiedenen *natürlichen Kipp-Punkten* in Verbindung gebracht – zum Beispiel einem massiven Verlust der Eismassen in Grönland und der Antarktis. Dies könnte einen Prozess in Gang setzen, der nicht mehr zu stoppen wäre, sich selbst immer weiter verstärken (»hochschaukeln«) und die Lebensbedingungen auf der Erde deutlich verschlechtern würde.[5]

Solche Nachrichten taugen dazu, Fatalismus zu verbreiten: »Es ist ohnehin zu spät« ist deshalb ein eingängiges Narrativ der Klimaschutz-Verzögerung.[6] Der Politik wird ein wirksamer Klima- und Umweltschutz nicht mehr zugetraut und viele klimabewusste Menschen sind weitgehend desillusioniert.[7] Es braucht einen echten Gamechanger – und hier kommt das Konzept der *sozialen Kipp-Punkte* ins Spiel: Stellen Sie sich vor, die Forschung findet heraus, wo wirksame gesellschaftliche Hebelpunkte liegen und wie sie mit vergleichsweise geringem Aufwand so bewegt werden können, dass die gesamte Gesellschaft rasch in eine nachhaltige Zukunft kippt.

Was sind soziale Kipp-Punkte?

Die Theorie der sozialen Kipp-Punkte beschreibt Phänomene, bei denen eine relativ kleine Veränderung eine bedeutsame und oft rasche Veränderung in einem sozialen System auslöst. Solche Veränderungen können unter anderem technologische Innovationen (wie die Dampfmaschine zu Beginn der Industriellen Revolution) oder eine politische Entscheidung (wie die Umsetzung der Agenda 2010 in Deutschland durch die Regierung Schröder) sein. Das Konzept ist besonders interessant, weil es hilft, dynamische Veränderungen in Gesellschaften zu verstehen und möglicherweise sogar vorherzusagen.

Ein internationales Forschungsteam um die Politikwissenschaftlerin Manjana Milkoreit hat 2018 vier allgemeine Merkmale von Kipp-Punkten herausgearbeitet, die auf natürliche (in ökologischen oder geophysikalischen Systemen) wie auf soziale Kipp-Punkte (in gesellschaftlichen Systemen) zutreffen:[8]

1. Das System kippt von einem stabilen Zustand in einen anderen stabilen Zustand;
2. nach dem Kipp-Punkt entwickelt sich der Veränderungsprozess vergleichsweise schnell (»kleine Ursache, große Wirkung«);
3. angetrieben wird der Kipp-Prozess durch sich selbst verstärkende Rückkopplungseffekte (»es schaukelt sich hoch«);
4. das System bleibt über einen längeren Zeitraum in seinem neuen Zustand und kann nicht mehr in den alten Zustand zurückkehren (Irreversibilität).

Das größte Risiko liegt dabei im dritten Punkt: einer nicht mehr kontrollierbaren Kettenreaktion. Ein entscheidender Unterschied zu längerfristigen und zielgerichtet angestoßenen Entwicklungsprozessen, die als *Transformation* bezeichnet werden.

(4) Hausfather, Zeke: I Study Climate Change. The Data Is Telling Us Something New, auf: nytimes.com (13.10.2023).

(5) Armstrong McKay, David I. u.a.: Exceeding 1.5°C global warming could trigger multiple climate tipping points, in: Science, (377)2022, Nr. 6611; Homer-Dixon, Thomas u.a.: A Call for An International Research Program on the Risk of a Global Polycrisis, 2021 (SSRN Scholarly Paper 4058592); Lenton, Timothy M. u.a.: Climate tipping points – Too risky to bet against, auf: nature.com (27.11.2019).

Soziale Kipp-Elemente
nach Dauer bis zum Kipp-Punkt und nach gesellschaftlicher Struktur

(6) Levi, Sebastian u.a.: Klimaschutz-Ausreden. Mit welchen Argumentationsmustern Klimaschutz verzögert wird, in: Dohm, Lea; Peter, Felix; van Bronswijk, Katharina (Hg.): Climate Action – Psychologie der Klimakrise. Handlungshemmnisse und Handlungsmöglichkeiten, Gießen 2021, S. 89-104.

(7) Z.B. Hickman, Caroline u.a.: Climate anxiety in children and young people and their beliefs about government responses to climate change: A global survey, in: The Lancet Planetary Health, (5)2021, Nr. 12.

(8) Milkoreit, Manjana u.a.: Defining tipping points for social-ecological systems scholarship – an interdisciplinary literature review, in: Environmental Research Letters, (13)2018, Nr. 3.

(9) Lenton, Timothy M. u.a. (Hg.): The Global Tipping Points Report 2023. University of Exeter, Exeter, 2023.

(10) Otto u.a. 2020.

(11) Ewers, Birte u.a.: Divestment may burst the carbon bubble if investors' beliefs tip to anticipating strong future climate policy (arXiv:1902.07481). arXiv, 2019.

Wobei soziale Kipp-Punkte durchaus im Verlauf von bewusst eingeleiteten Transformationsprozessen auftreten können. In dem Fall wirken sie bestenfalls positiv als entscheidender Durchbruch, ab dem eine Veränderung zum Selbstläufer wird, wie es zum Beispiel für den globalen Vormarsch der Energieerzeugung aus erneuerbaren Energieträgern wie Wind und Sonne angenommen wird.[9]

Wie kommt es zu sozialen Kipp-Punkten?

Einige Wissenschaftler:innen untersuchen, inwiefern soziale Kipp-Punkte dabei helfen können, schnellere Fortschritte im Kampf gegen die Erderhitzung zu erzielen, um negative geophysikalische Kipp-Punkte im Klimasystem zu vermeiden. So hat sich ein Team um die Sozialwissenschaftlerin Ilona Otto mit sogenannten sozialen Kipp-Elementen beschäftigt.[10] Das sind Bereiche in unserer Gesellschaft, in denen Kipp-Interventionen (also gezielte Eingriffe) besonders wirkungsvoll sein könnten: etwa in der Energieproduktion (Stichwort »Solarboom«), im Finanzmarkt (Stichwort »Divestment«) oder hinsichtlich sozialer Normen (Stichwort »Veggie-Trend«).

Ein Beispiel: Fast alle fossilen Unternehmen planen nach wie vor, ihre Geschäfte auszudehnen. Mit Blick auf den Klimaschutz und unsere Lebensbedingungen ein fataler Trend. Jedoch legt eine Studie aus dem Jahr 2019 nahe, dass es nur 10 bis 20 Prozent engagierte Investoren bräuchte, um eine »kritische Masse« für einen Gegentrend zu erreichen.[11] Ab diesem Anteil könnten die weltweiten Investitionen in fossile Industrien rasant abnehmen, somit die finanzielle Basis solcher Unternehmen schwächen und deren Expansion stoppen. Diese Strategie verfolgen zivilgesellschaftliche Akteure wie die Vereine *Urgewald* und *Finanzwende*. Urgewald nutzt hierfür die »Global Oil and Gas Exit List«, eine öffentlich zugängliche Datenbank, die 95 Prozent aller fossilen Firmen weltweit erfasst. Fünf der größten Investoren konnten bereits dazu gebracht werden, sich aus der Kohleindustrie zurückzuziehen. Finanzwende verfolgt derzeit mit einer Kampagne das Ende von Kapitalanlagen in fossile Energien bei der Versorgungsanstalt des Bundes und der Länder (VBL), Deutschlands größter Zusatzkasse für Altersvorsorge für Angestellte im öffentlichen Dienst.

Während das Team um Ilona Otto nach konkreten Hebeln mit möglichst großem Potenzial für Ver-

> "
> **Eine Studie legt nahe, dass sich nur 10 bis 20 Prozent der Investoren zurückziehen müssten, damit die weltweiten Investitionen in fossile Industrien rasant abnehmen**
> "

änderungen sucht, konzentriert sich eine Studie der Politikwissenschaftlerin Isabelle Stadelmann-Steffen und Kolleg:innen auf die größere Komplexität sozialer Veränderungen.[12] Sie versuchen zu verstehen, wie eine Kombination verschiedener technologischer, politischer und verhaltensbezogener Veränderungen und deren gegenseitige Wechselwirkungen eine Gesellschaft von einem Zustand in einen anderen kippen lassen kann. Als prägnantes Beispiel für solche sozialen Kipp-Dynamiken beschreiben sie die Reaktion in den Achtzigerjahren auf die damals bekannt gewordenen schädlichen Auswirkungen von Fluorchlorkohlenwasserstoffen (FCKW) auf die Ozonschicht. Ein breites öffentliches Bewusstsein in Kombination mit verfügbaren technologischen Alternativen und Veränderungen im Verbraucherverhalten verstärkte damals politische Dynamiken, die dazu führten, dass die Zerstörung der Ozonschicht wirksam eingedämmt werden konnte.

Solche Dynamiken können aus zwei Richtungen erzeugt und verstärkt werden:[13] von oben nach unten (*top-down*) über politische und wirtschaftliche Hebel, wie das Streichen von Subventionen für fossile Brennstoffe oder die Schaffung von Anreizen für nachhaltige Technologien. Und von unten nach oben (*bottom-up*), wobei einzelne Vorreiter – sogenannte Frontrunner – neue Verhaltensweisen oder

Technologien annehmen, bevor diese überhaupt Mainstream werden.[14] Ihr Verhalten kann andere inspirieren und ansteckend wirken und nach und nach die Breite der Gesellschaft erreichen. Dafür braucht es oft eine »kritische Masse«, also einen bestimmten Anteil der Bevölkerung, der mitmacht.

Beide Ansätze schließen sich nicht aus, sondern sind gerade in ihrer Kombination vielversprechend: Politische und wirtschaftliche Rahmenbedingungen können die Bemühungen von Einzelpersonen und Gruppen unterstützen und verstärken, etwa durch bestimmte Anreize. Während Initiativen von Vorreitern wiederum politische Entscheidungen beeinflussen und beschleunigen können.[15]

Welchen Einfluss haben Minderheiten und Verbündete?

Doch noch mal einen Schritt zurück: Wie kann es überhaupt sein, dass Minderheiten Einfluss auf die große Mehrheit nehmen können? Erzeugen Mehrheitsmeinungen und deren Verhaltensweisen gegenüber Minderheiten nicht einen großen Druck, sich anzupassen? Experimente aus der Sozialpsychologie haben tatsächlich gezeigt, dass Menschen sich von sozialen Normen so stark beeinflussen lassen können, dass sie ihren eigenen Augen nicht mehr trauen. So zeigte der Psychologe Solomon Asch schon Anfang der Fünfzigerjahre, wie Individuen in einer Gruppe durch den sozialen Druck dazu neigen, auch offensichtlich falsche Mehrheitsmeinungen zu übernehmen.[16] In seinen berühmten Gruppenexperimenten sollten Personen die Länge von Linien vergleichen und entscheiden, welche davon der Länge einer Referenzlinie entsprach. Dabei war der Unterschied leicht zu erkennen, doch gaben von Asch instruierte »Komplizen« absichtlich falsche Antworten. In vielen Fällen stimmten die »echten« Versuchspersonen daraufhin dieser inszenierten falschen Mehrheitsmeinung zu.

Ein bekanntes Phänomen mit ähnlich fatalem Ergebnis ist der sogenannte Bystander-Effekt. Dieser besagt, dass Menschen seltener Hilfe leisten, wenn andere Menschen anwesend sind.[17] Die positiven Seiten beider Phänomene sind hingegen weniger bekannt: Wenn Verbündete ins Spiel kommen, widerstanden die Menschen in Aschs Experimenten öfter dem Gruppendruck, und beim Bystander-Effekt stieg die Hilfsbereitschaft. Schon eine einzelne verbündete Person, die sich traut, gegen die Gruppenmeinung aufzustehen oder in einer Notsituation aktiv zu werden, kann andere ermutigen, ebenfalls ihre Meinungen zu äußern oder zu helfen. Soziale Unterstützung ist daher entscheidend, um Konformitätsdruck überwinden und Zivilcourage zeigen zu können.

Allerdings kann das Verhalten von Minderheiten, die sich gegen eine Mehrheitsnorm stellen, auch feindselige Reaktionen hervorrufen, besonders wenn es als Infragestellen der Moral der Mehrheit wahrgenommen wird. Das lässt sich in Deutschland etwa bei der Auseinandersetzung um

(12) Stadelmann-Steffen, Isabelle u.a.: A framework for social tipping in climate change mitigation: What we can learn about social tipping dynamics from the chlorofluorocarbons phase-out, in: Energy Research & Social Science, (82)2021, Nr. 102307.

(13) Ebd.

(14) Bolderdijk, Jan W.; Jans, Lisa: Minority influence in climate change mitigation, in: Current Opinion in Psychology, (42)2021, S. 25-30.

(15) Z.B. ebd.

(16) Asch, Solomon E.: Effects of group pressure upon the modification and distortion of judgments, in: Groups, leadership and men; research in human relations, Pittsburgh 1951, S. 177-190.

(17) Latané, Bibb; Darley, John M.: The Unresponsive Bystander: Why Doesn't He Help?, New York 1970.

(18) Bolderdijk/ Jans 2021.

Welche kritische Masse braucht es?

Größe einer überzeugten Minderheit, damit sie in einer Gruppe eine neue Norm erfolgreich verankern kann

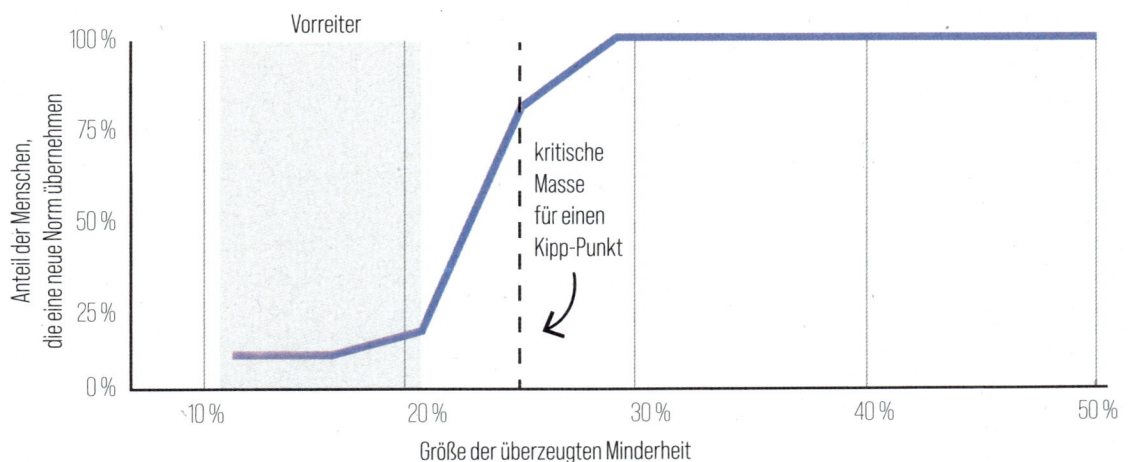

(19) Ebd.

(20) Centola, Damon u.a.: Experimental evidence for tipping points in social convention. in: Science, (360)2018, Nr. 6393, S. 1116-1119.

(21) Milkoreit, Manjana: Social tipping points everywhere? – Patterns and risks of overuse, in: WIREs Climate Change, (14)2023, Nr. 2.

(22) Atzmüller, Roland: Renationalisierung der Sozialpolitik, in: Betzelt, Sigrid; Fehmel, Thilo (Hg.): Deformation oder Transformation? Analysen zum wohlfahrtsstaatlichen Wandel im 21. Jahrhundert, Wiesbaden 2022, S. 25-47.

den hohen Fleischkonsum beobachten. Nichtsdestotrotz sind vegetarische und vegane Alternativen auf dem Vormarsch. Der Wirtschaftswissenschaftler Jan Bolderdijk und die Psychologin Lise Jans aus den Niederlanden vermuten, dass solche Phänomene dadurch zustande kommen, dass die Vorreiter, die die vorherrschende Norm offen infrage stellen, anderen damit zeigen, dass dies überhaupt möglich ist.[18] Das kann schließlich Mut machen, dem Beispiel trotz feindseliger Reaktionen zu folgen.

Besonders einflussreich scheinen Minderheiten zu sein, wenn ihre Mitglieder als repräsentativ für die jeweilige Gesamtgruppe wahrgenommen werden und wenn ihre Haltung und ihr Verhalten für andere sichtbar sind.[19] Ein Veggie-Trend in einem typischen deutschen Fußballverein käme nach dieser Logik wahrscheinlich nur dann in Gang, wenn ein anerkannter Mitspieler beim gemütlichen Ausklang nach dem Match selbstbewusst Käse und vegetarische Würstchen auf den Grill legen würde.

Um zu untersuchen, ab welcher kritischen Masse Minderheiten einen sozialen Kipp-Punkt anstoßen können, entwickelten Forschende aus den USA und Großbritannien ein Onlineexperiment.[20] Darin sollten alle teilnehmenden Personen einem Objekt, zum Beispiel einem Gesicht, einen Namen geben – und sich in der Gruppe anschließend auf einen gemeinsamen Namen einigen. Nach Festigung dieser Norm wurden »engagierte Minderhei-

ten« in die Gruppen eingeschleust, die alternative Namen vorschlugen, um die etablierte Norm zu hinterfragen. Die Größe dieser Minderheiten variierte, um zu schauen, welche Größe zum Umstoßen der Mehrheitsnorm ausreicht. Im Ergebnis genügte etwa ein Viertel der Gruppenmitglieder, um eine etablierte Norm erfolgreich zu ändern.

Zumindest in experimenteller Umgebung lässt sich also zeigen, dass Minderheiten soziale Kipp-Punkte herbeiführen können. Außerhalb des Labors sind diese Einflüsse komplexer und lassen sich folglich weniger einfach analysieren. Doch ein Blick auf bedeutsame gesellschaftliche Entwicklungen zeigt, wie schnell ein neuer Zustand zur akzeptierten Norm werden kann, sobald eine anfänglich kritische und oft kontrovers diskutierte Phase überwunden wurde. Beispiele wie die Einführung der Gurtpflicht, des Rauchverbots oder der »Ehe für alle« verdeutlichen, dass trotz anfänglicher Widerstände und intensiver Debatten gesellschaftliche Veränderungen innerhalb kurzer Zeit breite Akzeptanz finden und zur neuen Normalität werden können.

Welche Rolle spielen negative Kipp-Dynamiken?

Solche positiven sozialen Kipp-Dynamiken lassen sich jedoch nicht einfach mal so in Gang setzen. Dafür sind unsere sozialen Systeme – wir erin-

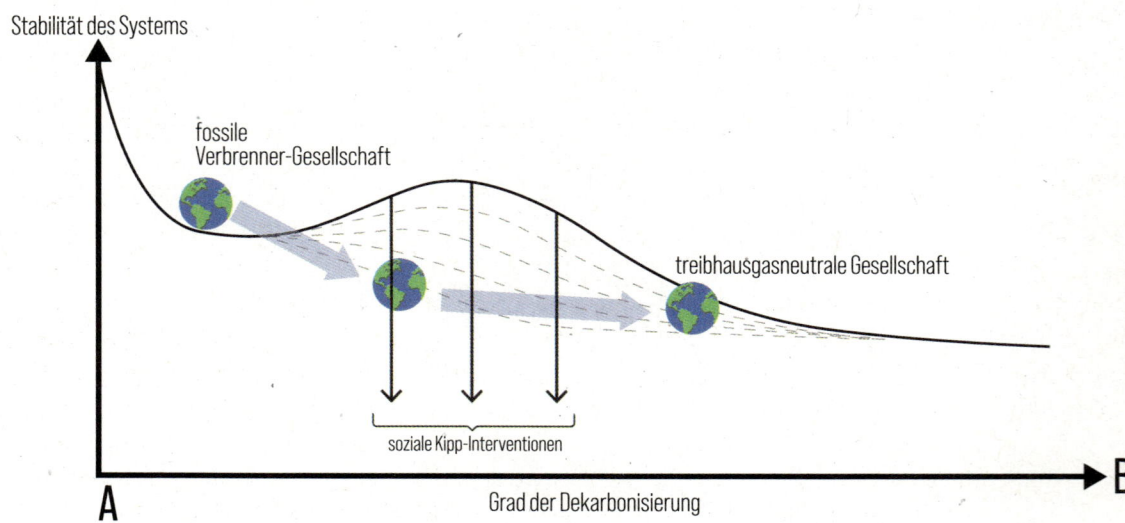

CO₂-Reduzierung als Dynamik sozialer Kipp-Punkte

Stabilität des Systems

fossile Verbrenner-Gesellschaft

treibhausgasneutrale Gesellschaft

soziale Kipp-Interventionen

A

Grad der Dekarbonisierung

B

> **Soziale Unterstützung ist daher entscheidend, um Konformitätsdruck überwinden und Zivilcourage zeigen zu können**

nern uns an das kugelförmige Spinnennetz – viel zu komplex. Das sehen wir beispielsweise daran, wie schwer es ist, weltweit wirksamen Klimaschutz in die Wege zu leiten. Hinzu kommt, dass solche Dynamiken nicht immer unbedingt positiv sein müssen. Auch Manjana Milkoreit kritisiert am Konzept der sozialen Kipp-Punkte, dass die Idee, absichtlich wünschenswerte Kipp-Dynamiken einzuleiten, ein falsches Gefühl von Kontrollierbarkeit und Handlungsfähigkeit vermitteln würde.[21] Das berge zum einen die Gefahr, dort Hoffnung zu machen, wo vielleicht keine ist. Das könnte anderen, womöglich wirksameren Maßnahmen wertvolle Ressourcen entziehen. Zum anderen könnte ein solcher Versuch auch nach hinten losgehen und eine unerwünschte negative Kipp-Dynamik einleiten.

Eine solche negative – sozial-ökologische – Kipp-Dynamik, die unbeabsichtigt ausgelöst wurde, stellt wohl die Klimakrise dar. Unter anderem mit dem Ziel, unsichere menschliche Arbeitskraft durch weniger anfällige und weniger aufmüpfige Maschinen zu ersetzen und dabei gleichzeitig die Produktivität zu steigern, eroberte einst die Dampfmaschine die Welt – angetrieben durch den fossilen Brennstoff Kohle. Die langfristigen Folgen dieser industriellen Revolution sind bekannt: Das menschliche Leben wurde vielerorts durchaus länger und angenehmer. Doch gleichzeitig wurden negative klimatische Veränderungen ausgelöst, die wir nun immer stärker spüren und die weltweit die Grenzen der menschlichen Anpassungsfähigkeit zu überschreiten drohen.

Weitere Beispiele für eigentlich unbeabsichtigte Kipp-Dynamiken, die sich – einmal ins Rollen gebracht – nur schwer stoppen lassen, sind die Überfischung der Meere oder die Finanzkrise der Nullerjahre. Gehen solche und andere Entwicklungen mit wirtschaftlicher Unsicherheit, höherer Arbeitslosigkeit, Abstiegsängsten und sozialer Unzufriedenheit einher, kann dies wiederum den Boden für autoritäre, antidemokratische Bewegungen bereiten, die solche Unsicherheiten instrumentalisieren.[22] Zusätzliche Unsicherheitsfaktoren wie die Covid-19-Pandemie oder der Ukrainekrieg mit der anschließenden Energiekrise können ebenfalls ihren Teil zu einer solchen Dynamik beitragen.

In Deutschland und anderen demokratischen Ländern sind aktuell verschiedene Rückkopplungseffekte zu beobachten, die zur Stärkung rechter politischer Kräfte beitragen können. So erhöht beispielsweise die klassische Medienberichterstattung über rechtspopulistische oder rechtsextreme Parteien deren Sichtbarkeit und Legitimität – was wiederum zu mehr Unterstützung in der Bevölkerung führen kann.[23] Dies geht dann wiederum mit einer steigenden Medienpräsenz einher. Auch Soziale Medien verbreiten durch bestimmte Algorithmen antidemokratische und menschenfeindliche Inhalte. Solche Botschaften finden besonders in unsicheren Zeiten Anklang und zielen insbesondere auf jüngere Menschen.[24]

Klassische Reaktionen etablierter Parteien auf rechtspopulistische Erfolge können zu dieser Dynamik beitragen. So zeigt eine aktuelle Untersuchung, dass die Annäherung etablierter Parteien an rechtsradikale Positionen dazu führen kann, dass mehr Wähler:innen den radikalen Rechten zulaufen.[25] Für solche negativen politischen Dynamiken könnte dann auch gelten, was bei positiven Dynamiken hoffnungsvoll herbeigesehnt wird: Es reicht womöglich eine relativ kleine kritische Masse. Der Publizist Nils Markwardt bringt diese drohende Kipp-Dynamik in einem Essay für die *Zeit* wie folgt auf den Punkt: »Rechtsextreme arbeiten an der permanenten Beschleunigung und Zuspitzung des Diskurses, weil dadurch eine Art populistisches Perpetuum mobile entstehen kann: Polarisierung, die weitere Polarisierung nach sich zieht, die noch mehr Polarisierung erzeugt.«[26]

(23) Heyen, Sonja: Die AfD in den Medien – Eine Framing-Analyse der Partei am Beispiel politischer Talkshows, Berlin 2020; Maurer, Marcus u.a.: How Right-Wing Populists Instrumentalize News Media: Deliberate Provocations, Scandalizing Media Coverage, and Public Awareness for the Alternative for Germany (Afd), in: The International Journal of Press/Politics, (28)2023, Nr. 4, S. 747-769.

(24) Johannes Hillje, zit. n. Metzger, Nils: Jugendlichen »ins Gehirn senden«. AfD hängt alle anderen Parteien auf TikTok ab, auf: zdf.de (10.2.2024).

(25) Krause, Werner; Cohen, Denis; Abou-Chadi, Tarik: Does accommodation work? Mainstream party strategies and the success of radical right parties, in: Political Science Research and Methods, (11)2023, Nr. 1, 172-179.

(26) Markwardt, Nils: Rechtsextremismus. Faschisten wollen Future, auf: zeit.de (30.3.2024).

Fazit

Die Aktivierung sozialer Kipp-Dynamiken stellt eine Chance dar, schnelle und nachhaltige Veränderungen zu fördern, um aktuelle sozial-ökologische Risiken zu minimieren. Beispiele wie das Abziehen von Kapital aus fossilen Unternehmen zeigen auf, wie bereits eine kritische Minderheit engagierter Akteure bedeutende Veränderungen anstoßen kann. Gleichzeitig warnen uns negative Dynamiken, dass Veränderungen in komplexen Systemen auch unerwünschte Effekte haben können. Die Anwendung des Konzeptes der sozialen Kipp-Punkte beziehungsweise Kipp-Dynamiken erfordert daher ein tiefes Verständnis für die Komplexität und Vernetztheit unserer Systeme sowie eine enge Zusammenarbeit zwischen Wissenschaft, Wirtschaft, Politik und Zivilgesellschaft.

Durch ein Zusammenspiel von Top-down- und Bottom-up-Strategien ließe sich nicht nur eine nachhaltigere Zukunft schaffen, sondern auch verhindern, dass unsere Systeme kritische Grenzen überschreiten, was schwerwiegende und irreversible Schäden nach sich ziehen könnte. Es braucht sowohl mutige politische und wirtschaftliche Entscheidungen als auch mutige Menschen auf Demonstrationen und in experimentierfreudigen Projekten. Das Wissen um den Einfluss von Minderheiten unterstreicht nicht zuletzt die Bedeutung des persönlichen Engagements. So zeigen die Erkenntnisse aus der Netzwerkforschung, dass bereits einzelne Gespräche im positiven Sinne »viral« wirken können – jedes geführte Gespräch kann andere Menschen »anstecken«, die wiederum mehrere andere Menschen erreichen. Es wäre sehr wirksam, dieses Mittel nicht allein jenen zu überlassen, die unsere Lebensbedingungen auf der Erde und unser Zusammenleben in dieser Welt gefährden. ✦

VERENA KANTROWITSCH
DIPLOM-PSYCHOLOGIN
PSYCHOLOGISTS FOR FUTURE

FELIX PETER
DIPLOM-PSYCHOLOGE, PSYCHOLOGISTS FOR FUTURE, RESEARCH FOR PLANETARY HEALTH & TRANSFORMATIVE CHANGE

Trock'ne Zahlen

Wehretat der Bundesrepublik, in Prozent des BIPs

1953: 4,0

1963: 4,9

1973: 3,2

1983: 3,0

1993: 1,7

2003: 1,3

2013: 1,2

2024: 2,0

Quellen: Sipri, dpa, Handelsblatt

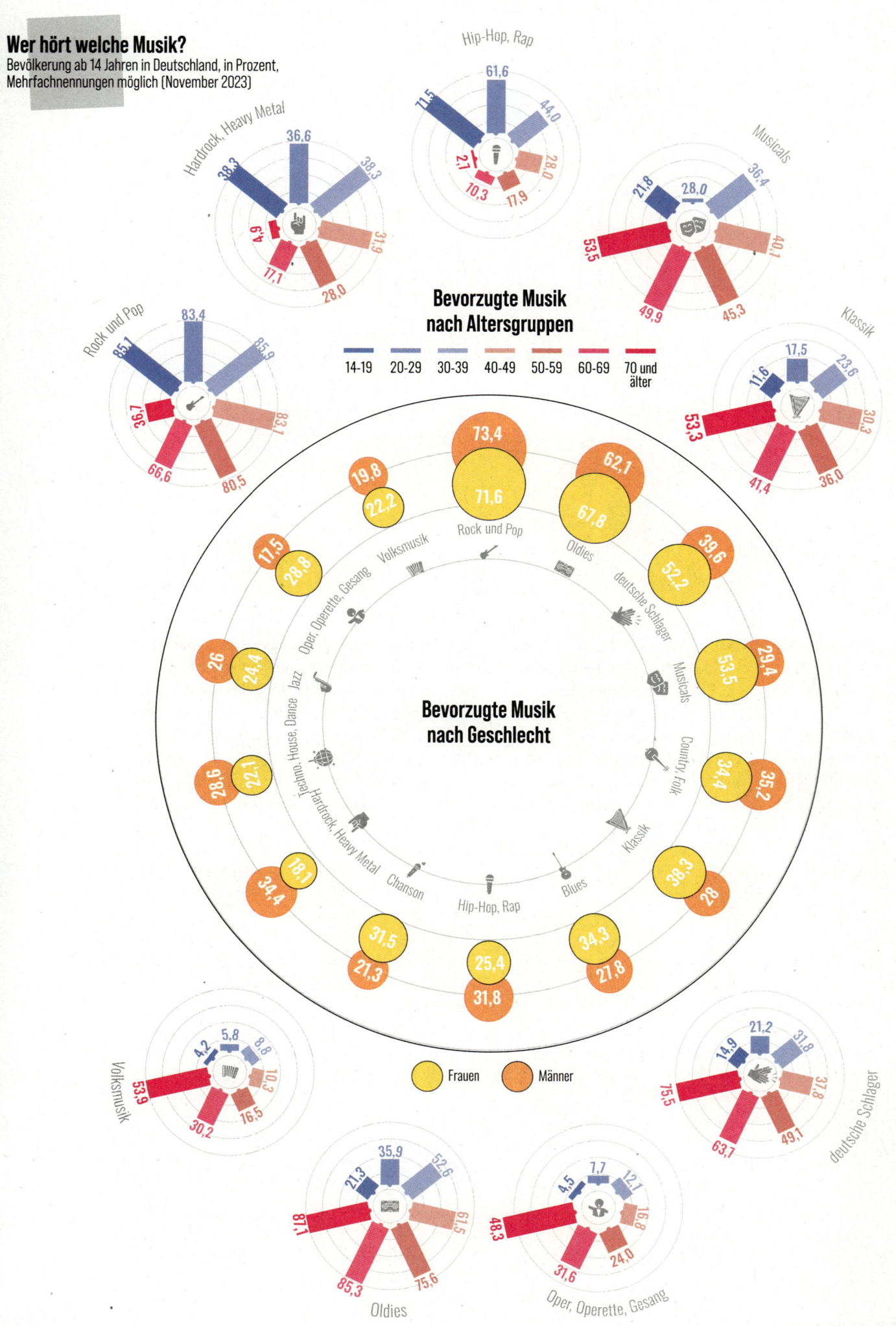

Wer hört welche Musik?

Bevölkerung ab 14 Jahren in Deutschland, in Prozent, Mehrfachnennungen möglich (November 2023)

Bevorzugte Musik nach Altersgruppen

14-19 | 20-29 | 30-39 | 40-49 | 50-59 | 60-69 | 70 und älter

Bevorzugte Musik nach Geschlecht

Frauen | Männer

STUDIE

Liedtexte werden simpler und persönlicher

Studie: „Song lyrics have become simpler and more repetitive over the last five decades" von Emilia Parada-Cabaleiro, Maximilian Mayerl, Stefan Brandl, Marcin Skowron, Markus Schedl, Elisabeth Lex und Eva Zangerle (Mai 2024)

Kurz: Die Texte englischsprachiger Popsongs sind in den letzten fünf Jahrzehnten einfacher, repetitiver, aber auch emotionaler und persönlicher geworden.

Haben die Stones anspruchsvollere Texte als Britney? Um das herauszufinden, hat eine Forschungsgruppe aus Österreich und Deutschland 353.320 englischsprachige Lieder untersucht, die zwischen 1970 und 2020 veröffentlicht wurden.

Für ihre Studie konzentrierten sich die Forschenden auf fünf Genres: Rap, Country, Pop, R&B und Rock, und untersuchten dabei die Liedtexte anhand von stilistischen und emotionalen Merkmalen. Hauptquellen für die Daten waren die Plattformen *Last.fm* und *Genius*.

Bei den stilistischen Fragen ging es ihnen zum einen um die lexikalische Komponente der Texte, etwa die Satzbestandteile sowie die Anzahl der benutzten Satzzeichen und »ungewöhnlichen« Wörter. Auch die Vielfältigkeit des Wortschatzes wurde untersucht.

Das Ergebnis: Westliche Popmusik ist im Laufe der Zeit einfacher und leichter verständlich geworden. Die Vielfältigkeit des Wortschatzes ging in allen Bereichen zurück, während bei Rap- und Rockmusik Wiederholungen in den Songtexten zunahmen.

Außerdem scheinen die Texte im Rap mit der Zeit emotionaler geworden zu sein, während sie bei R&B, Pop und Country negativer wurden. Dabei scheint es in allen Genres ein Trend zu wütenderen Texten zu geben. Es wurden also mehr Wörter, die mit Wut in Zusammenhang stehen, eingesetzt. Überdies wurden die Lyrics auch persönlicher.

Wie ist das zu erklären? Ursache für die Entwicklung zu einfacheren Texten könnte laut den Autor:innen die Zunahme von Liedern sein, die als Hintergrundmusik abgespielt werden. Außerdem dürften veränderte Vertriebskanäle eine große Rolle spielen: Während man sich früher eine Schallplatte kaufte, gibt es jetzt Streamingplattformen mit unzähligen Titeln, wofür Musik ganz anders produziert wird. Ein Stück muss in den ersten 10 bis 20 Sekunden überzeugen, sonst wird zum nächsten Lied gewechselt, so die Studienleiterin.

Rockfans sind übrigens die Historiker unter den Musikfans: Sie sind vor allem an den Texten älterer Lieder interessiert, während Countryfans sich eher für die Texte neuerer Lieder begeistern.

Kleine Fische sind eine gesunde Alternative zu Fleisch

Studie: „Unlocking the potential of forage fish to reduce the global burden of disease" von Shujuan Xia, Jun'ya Takakura, Kazuaki Tsuchiya, Chaeyeon Park, Ryan F. Heneghan und Kiyoshi Takahashi (April 2024)

Kurz: Der Verzehr bestimmter Fischarten anstelle von rotem Fleisch kann Menschenleben retten.

Wie wirkt es sich auf den Klimawandel und die Gesundheit aus, wenn der Verzehr von rotem Fleisch mit dem von Beutefischen ersetzt wird? Das hat ein Forschungsteam aus Japan und Australien untersucht. Beutefische sind kleine Meeresfische wie Heringe, Sardinen und Menhaden, die sich von Plankton ernähren und von größeren Raubtieren gejagt werden. Sie weisen unter den tierischen Meeresprodukten den höchsten Nährstoffgehalt und den niedrigsten CO_2-Fußabdruck auf, gehören zu den am häufigsten vorkommenden Fischarten im Meer und sind dazu noch sehr preiswert. Ein wahrer Schatz also – dennoch werden derzeit nur etwa 26 Prozent der gefangenen Beutefische von Menschen verzehrt, der große Rest wird zu Fischmehl und Fischöl verarbeitet.

Rotes Fleisch hingegen, also Rind-, Kalb-, Schweine-, Schaf- und Ziegenfleisch, birgt beim Menschen ein erhöhtes Risiko für nichtübertragbare Krankheiten. Diese waren 2019 weltweit für etwa 70 Prozent aller Todesfälle verantwortlich. Vier Krankheiten – koronare Herzkrankheit, Schlaganfall, Diabetes und Darmkrebs – verursachen dabei 44 Prozent der Todesfälle, die koronare Herzkrankheit belegt Platz eins.

Rotes Fleisch ist nicht nur ungesund, sondern auch treibhausgasintensiv. Ob Beutefische eine gesündere und umweltfreundlichere Alternative sind, wurde in der Studie anhand von vier Szenarien getestet, durch die festgestellt werden sollte, auf welche Weise am wirkungsvollsten nichtübertragbare ernährungsbedingte Krankheiten bei Erwachsenen verringert werden können.

Szenario eins konzentrierte sich auf die lokale Versorgung mit Beutefisch, der hier nur für den Eigenverbrauch der einzelnen Länder oder als Ersatz für rotes Fleisch gefangen und verwendet wurde. Bei Szenario zwei lag der Schwerpunkt auf einer Verringerung des Fleischkonsums, insbesondere in Ländern, in denen der Verzehr von Wiederkäuern, also von Rind-, Kalb-, Schaf- und Ziegenfleisch, die empfohlene Menge von 15 Kilokalorien pro Tag übersteigt. Das dritte Szenario zielte auf die Sicherstellung eines ausreichenden Fischverzehrs ab, wobei der Schwerpunkt auf Ländern lag, in denen der Fischkonsum unter dem empfohlenen Wert von 40 Kilokalorien liegt. Das letzte Szenario sah vor, den Anteil an rotem Fleisch in allen Ländern zu gleichen Teilen zu ersetzen, je nach Verfügbarkeit von Beutefischen.

Im Ergebnis wies Szenario drei mit 750.000 die größte Zahl der vermiedenen Todesfälle pro Jahr auf. Das deutet darauf hin, dass die Nutzung von Beutefischen in Regionen, in denen der Fischkonsum unter dem empfohlenen Wert liegt – hauptsächlich Länder mit niedrigem und mittlerem Einkommen –, Krankheiten besonders wirksam vorbeugen könnte. Beutefische können jedoch nur etwa acht Prozent des gesamten roten Fleisches ersetzen. Dennoch könnte damit der tägliche Fischverzehr in den meisten Ländern ungefähr auf die empfohlene Menge von 40 Kilokalorien steigen. Die Zahl der Todesfälle durch die häufigsten vier Krankheiten könnte bis 2050 damit um zwei Prozent gesenkt werden. ◖

Studiendesign

Stil 🔍 quantitativ

Messzeitraum ⧗ Prognose

Erhebung 🧪 vorhandene Daten

Veröffentlichung 🗒 Fachzeitschrift

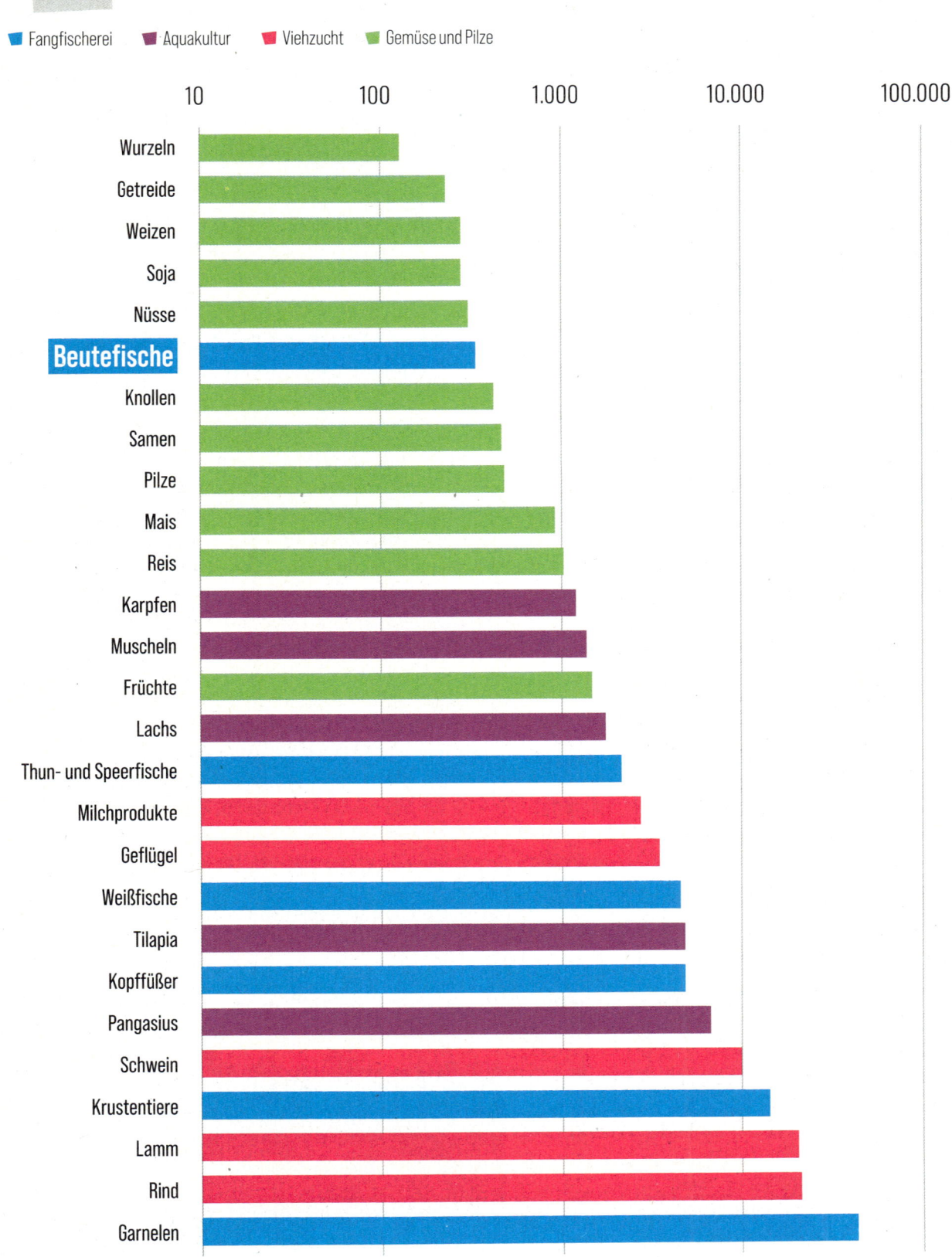

Treibhausgasemissionen pro 100 Gramm
in Gramm CO$_2$-Äquivalenten, logarithmische Skala, Medianwerte

■ Fangfischerei ■ Aquakultur ■ Viehzucht ■ Gemüse und Pilze

	10	100	1.000	10.000	100.000

Wurzeln
Getreide
Weizen
Soja
Nüsse
Beutefische
Knollen
Samen
Pilze
Mais
Reis
Karpfen
Muscheln
Früchte
Lachs
Thun- und Speerfische
Milchprodukte
Geflügel
Weißfische
Tilapia
Kopffüßer
Pangasius
Schwein
Krustentiere
Lamm
Rind
Garnelen

Rechtsextreme prägen immer stärker die öffentliche Debatte

Studie: „Discourse Networks of the Far Right: How Far-Right Actors Become Mainstream in Public Debates" von Teresa Völker und Daniel Saldivia Gonzatti (Februar 2024)

Kurz: Rechtsextreme kämpfen seit den Neunzigerjahren um mediale Aufmerksamkeit. Seit 2015 haben sie großen Erfolg darin, mit „ihren" Themen die öffentliche Debatte zu dominieren. Die AfD spielt dabei eine entscheidende Rolle.

Wie prägen rechtsextreme Akteure die Themen der öffentlichen Debatte? Die meisten bisherigen Forschungsarbeiten beschreiben, wie die extreme Rechte in den Massenmedien dargestellt wird. Es bedarf jedoch weiterer Untersuchungen, wie die extreme Rechte von der Berichterstattung in den Medien und der öffentlichen Präsenz profitiert. Teresa Völker und Daniel Saldivia Gonzatti vom Zentrum für Zivilgesellschaftsforschung Berlin zeigen in ihrer Studie, wie die Themen der extremen Rechten zum Mainstream wurden.

Um dies herauszufinden, analysierten die Sozialwissenschaftler rechtsextreme Diskursnetzwerke – das sind die indirekten Verknüpfungen zwischen rechtsextremen Gruppen und den Themen, über die sie in den Medien sprechen – auf der Grundlage von mehr als 520.000 Zeitungsartikeln in sechs deutschen Zeitungen unterschiedlicher politischer Ausrichtung zwischen 1994 und 2021. Zur Identifizierung rechtsextremer Akteure begutachteten sie politische Parteien sowie Privatpersonen, aber auch Verfassungsschutzberichte von 1995 bis 2020.

In der Gesamtschau dieser Daten wird ersichtlich, wie die Rechten Erzählungen zu kulturellen Auseinandersetzungen über umstrittene Themen wie Migration oder Nationalismus nutzen, um durch die Medien zuvor eher isolierte Ideen und Vorstellungen in die großen öffentlichen Diskussionen zu bringen. Darüber hinaus maßen die Sozialforscher, ob sich die Debatten über die extreme Rechte auf einige wenige oder mehrere Akteure konzentrierten. Auf diese Weise konnten sie einschätzen, inwieweit die Öffentlichkeit die Rechtsextremen als eine geschlossene Koalition wahrnimmt.

Es zeigt sich, dass rechtsextreme Figuren seit den Neunzigerjahren generell mehr öffentliche Aufmerksamkeit erlangt haben und ihre Themen in die Massenmedien einbringen konnten, vor allem aber seit dem Sommer der Migration von 2015. Die Phase ab diesem Zeitraum bezeichnen die Forscher als »diskursive Mainstreaming-Periode der extremen Rechten«: Die Diskursnetzwerke sind gewachsen, wodurch rechtsextreme Akteure, die in den Vorjahren isoliert gewesen waren, in die Mainstreamdebatte einbezogen wurden.

Die Sozialforscher können außerdem belegen, dass der Erfolg der extremen Rechten, mit ihren Themen in den medialen Mainstream durchzudringen, stark mit den Reaktionen der Medien auf die antidemokratische AfD zusammenhängt. Die Partei dominierte öffentliche Debatten über die »Flüchtlingskrise« und führte rechtsextreme Akteure sowie Themen, die in den Jahren zuvor nur vereinzelt behandelt worden waren, in die allgemeine Debatte ein. Und nicht nur das: Den Rechten gelang es auch, in Kulturdebatten »ihre« Themen zu setzen – beispielsweise bei der Frage der Beschäftigung von Geflüchteten die Integrationsdebatte anzuheizen – und damit ihre Deutungshoheit zu stärken. ♣

Studiendesign

Stil 🔍	quantitativ
Messzeitraum ⏳	Längsschnitt
Erhebung 🧪	vorhandene Daten
Veröffentlichung 🗒	Fachzeitschrift

Medienaufmerksamkeit auf rechtsextremen Akteuren
und unter einem Szenario ohne die AfD

Anteil von Sätzen und Wörter in sechs Zeitungen* zu gesellschaftlichen Debatten
mit Erwähnung rechtsextremer Akteure, in Prozent

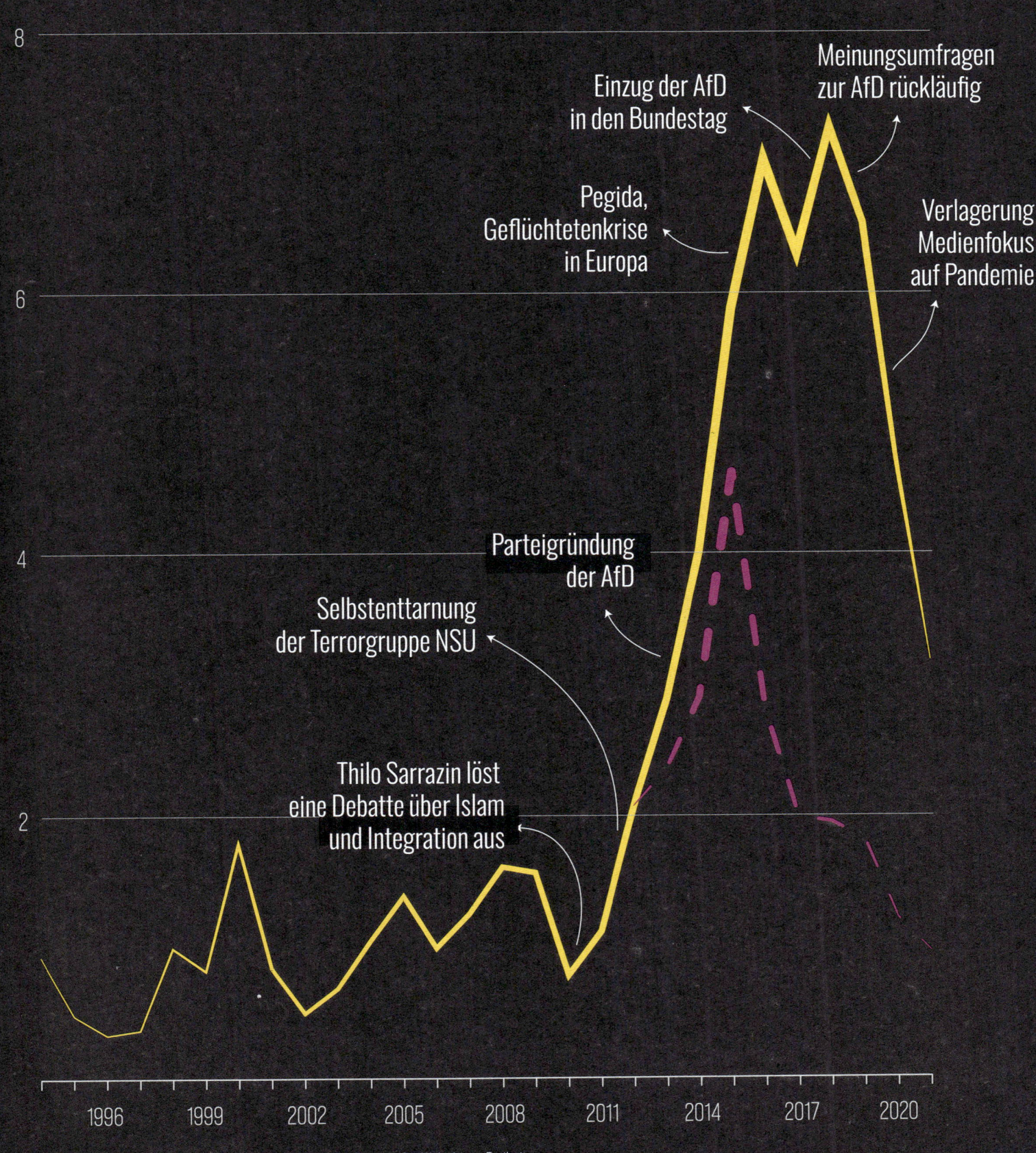

Meinungsumfragen
zur AfD rückläufig

Einzug der AfD
in den Bundestag

Pegida,
Geflüchtetenkrise
in Europa

Verlagerung
Medienfokus
auf Pandemie

Parteigründung
der AfD

Selbstenttarnung
der Terrorgruppe NSU

Thilo Sarrazin löst
eine Debatte über Islam
und Integration aus

8

6

4

2

1996   1999   2002   2005   2008   2011   2014   2017   2020

* Sächsische Zeitung, Stuttgarter Zeitung, Taz, Süddeutsche Zeitung, Die Welt, Junge Freiheit

LEBENSMITTEL

Ein Deutscher für die Tonne

Laut dem aktuellen Food Waste Index Report (FWIR) wurden im Jahr 2022 weltweit 1,05 Milliarden Tonnen Lebensmittel verschwendet – knapp ein Fünftel aller erzeugten Lebensmittel. Umgerechnet heißt das: 1,3 Mahlzeiten pro Tag für jede hungernde Person auf der Welt.

Das Ernährungsprogramm der Vereinten Nationen hat es sich zum Ziel gesetzt, diese Lebensmittelverschwendung bis 2030 zu halbieren. Der FWIR soll die Fortschritte dokumentieren. Sofern es Fortschritte gibt. Denn: Seit dem ersten Bericht von 2021 gibt es kaum positive Entwicklungen zu verzeichnen.

Der größte Teil der weltweit verschwendeten Lebensmittel, etwa 60 Prozent, stammt aus Privathaushalten. Insgesamt landen pro Person jedes Jahr rund 79 Kilo noch essbare Lebensmittel in der Tonne – in etwa das Gewicht eines erwachsenen deutschen Durchschnittsbürgers. Diese enormen Lebensmittelverluste und -abfälle verursachen acht bis zehn Prozent der weltweiten Treibhausgasemissionen – fast fünfmal so viel wie die Luftfahrt.

Das globale Nahrungsmittelsystem ist komplex. Eine Vielzahl von Akteuren ist an der Erzeugung, der Verarbeitung, dem Vertrieb, dem Verbrauch und der Entsorgung von Nahrungsmitteln beteiligt. Regierungen, Städte, Gemeinden und Lebensmittelunternehmen müssen zusammenarbeiten, um vor allem Privathaushalte zum Handeln zu bewegen und die Lebensmittelverschwendung zu reduzieren. Länder wie Japan und das Vereinigte Königreich beweisen, dass ein Umdenken möglich ist. Sie haben die Lebensmittelverschwendung seit 2019 um 31 beziehungsweise 18 Prozent verringert. ▼

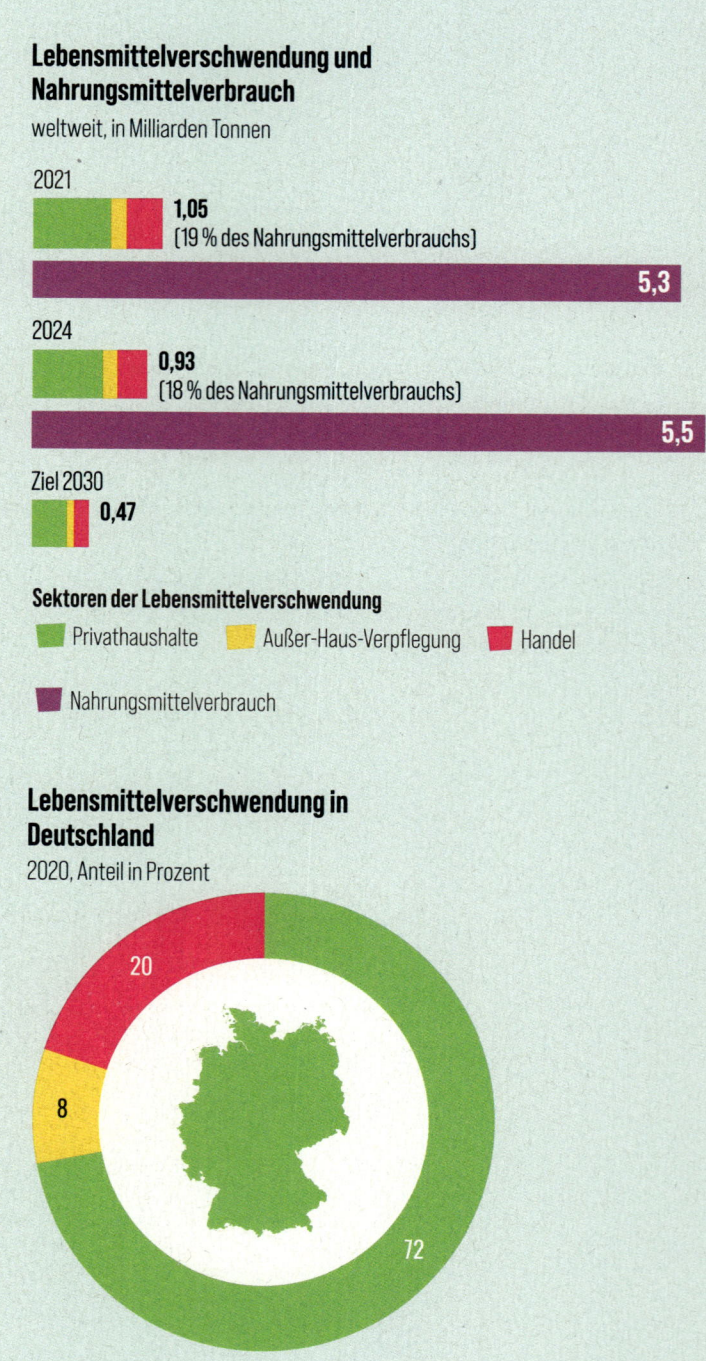

Lebensmittelverschwendung und Nahrungsmittelverbrauch

weltweit, in Milliarden Tonnen

2021
1,05
(19 % des Nahrungsmittelverbrauchs)
5,3

2024
0,93
(18 % des Nahrungsmittelverbrauchs)
5,5

Ziel 2030
0,47

Sektoren der Lebensmittelverschwendung

■ Privathaushalte   ■ Außer-Haus-Verpflegung   ■ Handel

■ Nahrungsmittelverbrauch

Lebensmittelverschwendung in Deutschland

2020, Anteil in Prozent

20
8
72

Abweichung der politischen Einstellung zwischen jungen Männern und Frauen

im Alter zwischen 18 und 29 Jahren, unsichere Datenlage

Werte über 0 eher progressive Einstellung

Werte unter 0 eher konservative Einstellung

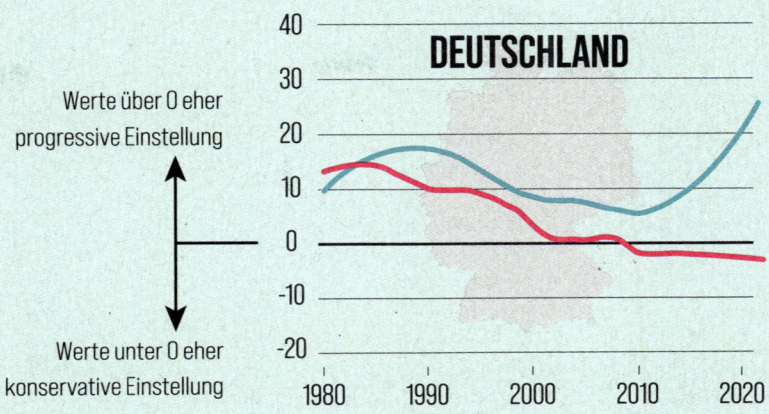

DEUTSCHLAND

Junge Frauen werden progressiver, junge Männer immer konservativer

Jahrzehntelang zeigten Umfragen: Männer und Frauen sind ungefähr gleich liberal eingestellt. Zwischen den Geschlechtern bilden sich jedoch zunehmend ideologische Gräben, so der Datenjournalist John Burn-Murdoch, der für die Tageszeitung *Financial Times* Daten aus verschiedenen Quellen zusammengetragen hat. Die Zahlen bei den 18- bis 29-Jährigen variieren heute erheblich. Dieses Muster lässt sich auf allen Kontinenten beobachten. In einigen Fällen vollzog sich die Entwicklung binnen weniger Jahre, etwa in Südkorea. Ähnlich wie in Schweden, Polen oder Deutschland offenbarten im südlichen Teil der koreanischen Halbinsel die Parlamentswahlen

im Jahr 2022, dass sich die Männer eher der rechtsgerichteten Partei, Frauen hingegen eher der linken Partei zuwandten.

Doch es gibt auch Kritik an Burn-Murdoch: Die genaue Datengrundlage seiner Werte und seine Messmethode blieben im Unklaren, meint die Politikwissenschaftlerin Simone Abendschön von der Universität Gießen. Darüber hinaus zeigen andere Studien folgendes Ergebnis: Wenn sich junge Frauen und Männer im Links-Rechts-Spektrum einordnen sollen, offenbaren sich zwar ideologische Unterschiede. Diese verschwinden jedoch meistens, wenn sie nach ihrer Meinung zu konkreten Themen befragt werden. 🍦

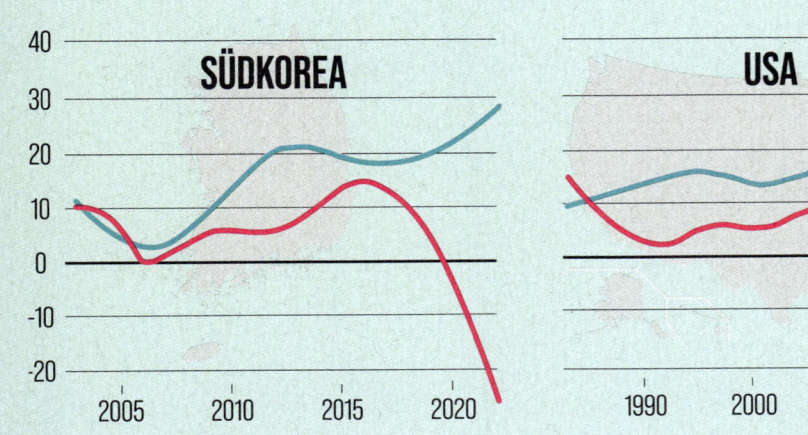

SÜDKOREA

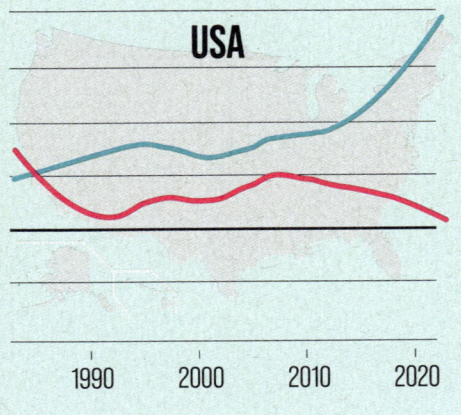

USA

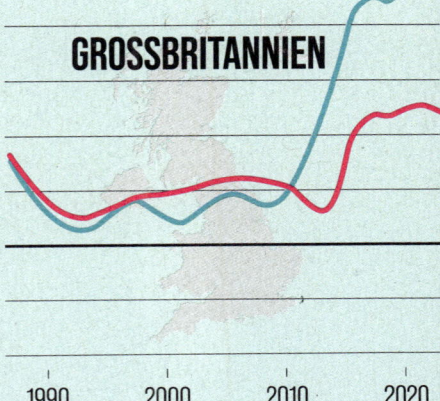

GROSSBRITANNIEN

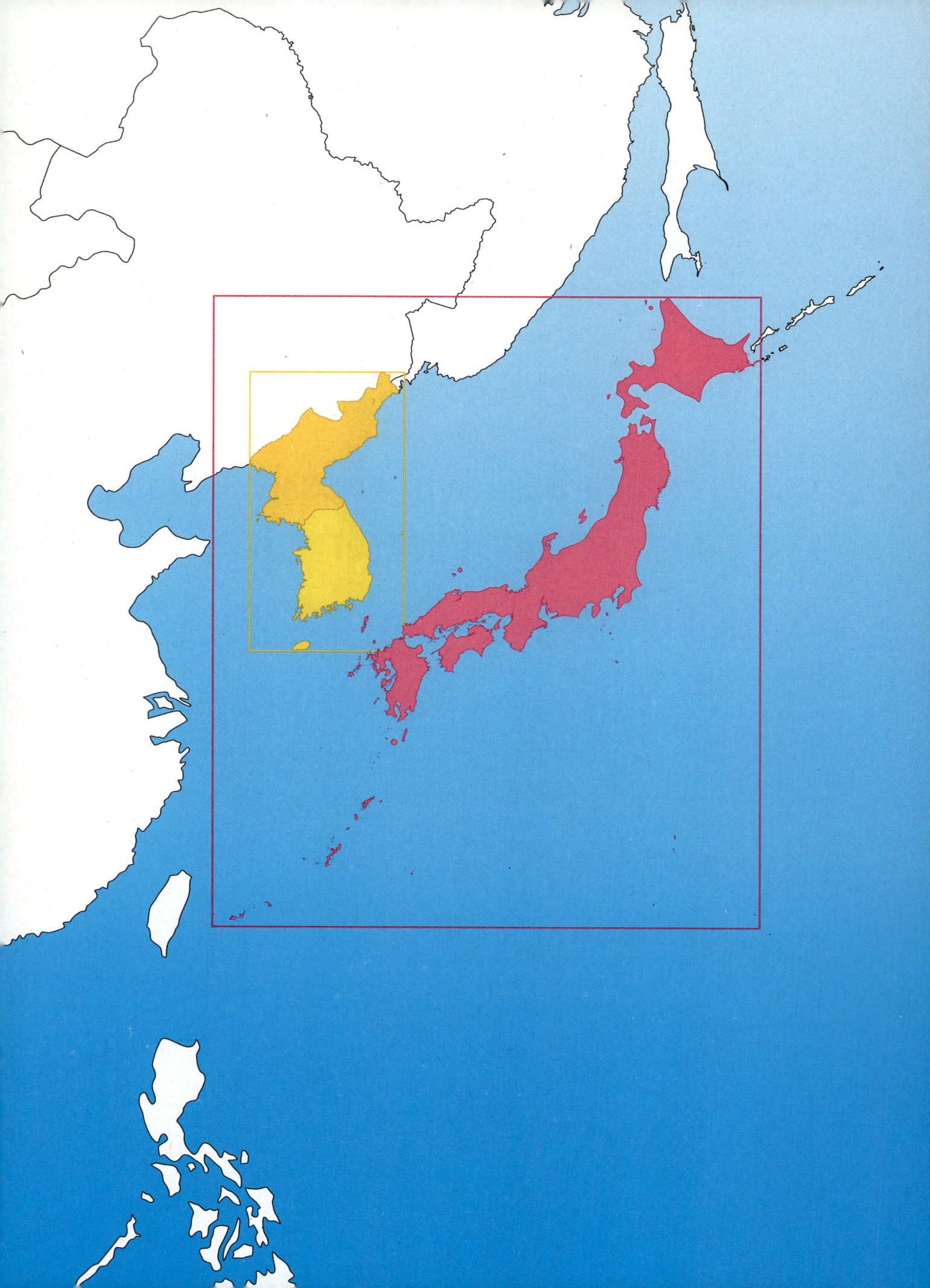

Japan
liegt
nördlicher,
östlicher,
südlicher
und westlicher
als die
koreanische
Halbinsel

Innerhalb dieses Kreises leben mehr Menschen als außerhalb davon

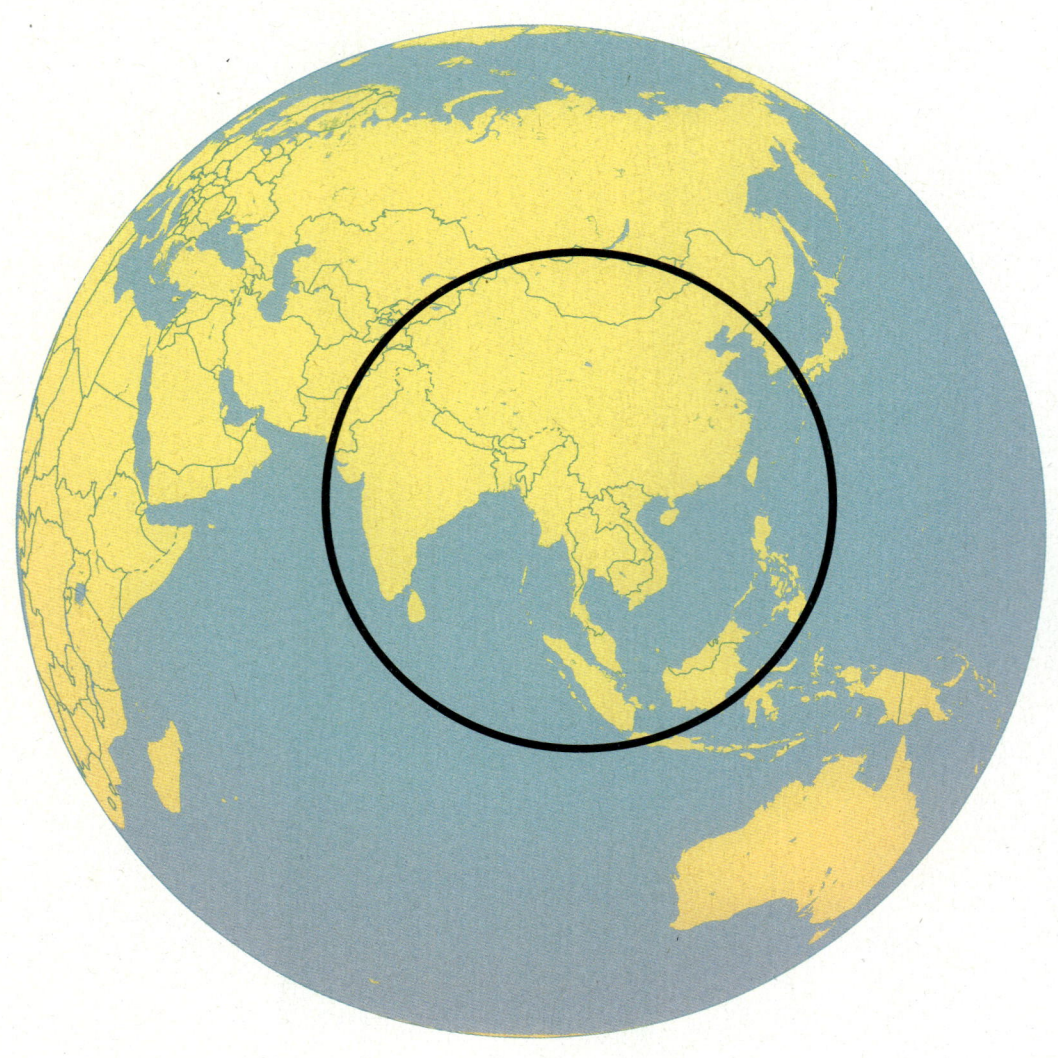

Das behauptete 2013 erstmals ein User auf Reddit und veröffentlichte dort eine ähnliche Karte. Valeriepieris, wie er sich nannte, ist im echten Leben Englischlehrer, stammt aus den USA und heißt Ken Myers. Und wie sich herausstellte, war seine Karte nicht einfach nur ein Scherz: Zwei Jahre später bestätigte ein Ökonomieprofessor von der London School of Economics Myers' Behauptung und präsentierte sogar einen noch kleineren Kreis mit einem Radius von 3.300 Kilometern. Zuletzt wurde der sogenannte Valeriepieris-Kreis 2022 aktualisiert und sieht aktuell so aus.

Innerhalb dieser Kreise lebt jeweils die Hälfte der Bevölkerung des Landes

⚠ Jedes Land wird einzeln behandelt, das heißt, selbst wenn der Kreis eine Grenze schneidet, wird die Bevölkerung des anderen Landes nicht gezählt

In Anlehnung daran entwarf der Datenwissenschaftler Rudy Arthur von der britischen Universität Exeter 2023 einen Algorithmus, mit dem er Valeriepieris-Kreise für einzelne Länder erstellen kann. Er verallgemeinerte die Idee in einer neuen Definition. Demnach ist der Valeriepieris-Kreis die Antwort auf die Frage: Welches ist der kleinste Kreis, der mindestens einen bestimmten Bruchteil der Bevölkerung des bestimmten Gebiets enthält? Und so erstellt er Kreise, in der beispielsweise die Hälfte der Bevölkerung eines Landes lebt. ◆

Viel Fernsehgucken doch gar nicht so schlecht

Studie: „Visual stimulation by extensive visual media consumption can be beneficial for motor learning" von Matthias Nuernberger, Kathrin Finke, Lisa Nuernberger, Adriana L. Ruiz-Rizzo, Christian Gaser, Carsten Klingner, Otto W. Witte, Stefan Brodoehl (Dezember 2023)

Kurz: Probanden, die mehr als acht Stunden täglich fernsahen, lernten schneller Zehn-Finger-Tippen am Computer als Probanden, die in der gleichen Zeit keine Medien konsumierten.

Im Schnitt sah eine Person in Deutschland 2023 pro Tag drei Stunden fern. Zwar gehörten zu den beliebtesten Formaten Nachrichtensendungen und Reisemagazine, dennoch hat viel Fernsehgucken im Allgemeinen keinen besonders guten Ruf. Zu Unrecht, wie nun ein Forschungsteam der Universität Jena in einem aufwendigen Experiment mit 74 Proband:innen herausfand.

Zu Beginn der Untersuchung wurden die Studienteilnehmer:innen zufällig in zwei Gruppen aufgeteilt. Für die Dauer des Experiments lebten alle gemeinsam in einer Unterkunft, die sie nur für wenige Stunden am Tag verlassen durften. Das war notwendig, um alle Vorgaben besser überprüfen zu können. Die eine Gruppe sollte die kommenden fünf Tage mindestens acht Stunden täglich fernsehen, während sich die Probanden der anderen Gruppe anderen Freizeitaktivitäten wie Lesen, Gesellschaftsspiele spielen oder Kochen beschäftigten. Wichtig war, dass sie nur solche Aktivitäten ausübten, denen sie auch für gewöhnlich nachgingen. Jonglieren und Stricken lernen beispielsweise war für beide Gruppen tabu. Die Probanden aßen während des Experiments die gleichen Mahlzeiten zur gleichen Uhrzeit.

Zweimal täglich besuchten beide Gruppen einen Kurs, in dem sie das Zehn-Finger-Schreiben lernten. Wer diese Methode beherrscht, kann am PC »blind« Texte verfassen. Vor dem Experiment unterschieden sich die beiden Gruppen in ihren Fähigkeiten nicht, doch schon ab dem ersten Tag lernte die TV-Gruppe die Schreibmethode deutlich besser und tippte mehr korrekte Zeichen auf der Tastatur. Da die Probanden nicht gleichzeitig fernschauten und tippten, können die Wissenschafter:innen nicht abschließend sagen, ob das Fernsehgucken wirklich die Ursache für das bessere Tippen war. Fest steht jedoch: Die TV-Gruppe war deutlich besser – statistische Tests bestätigten das.

Aber nicht nur die Schreibfähigkeit erhöhte sich, auch das Gehirnvolumen nahm bei den Fernsehguckern zu – und zwar in einem Bereich, der für die Verarbeitung von visuellen Reizen zuständig ist. Außerdem bildeten sich verstärkt Nervenverbindungen zwischen motorischen und visuellen Gehirnarealen aus, die beiden Bereiche kommunizierten also verstärkt miteinander. Das zeigen Gehirnaufnahmen, die die Wissenschafter:innen vor und nach dem Experiment machten. In der Kontrollgruppe konnten dort keine relevanten Veränderungen gemessen werden. Und noch eine weitere Leistung verbesserte sich in der TV-Gruppe: Die Kapazität des visuellen Kurzzeitgedächtnisses, also der Fähigkeit, sich über einen kurzen Zeitraum bestimmte visuelle Objekte, wie Buchstaben oder Zahlen, zu merken.

Durchschnittliche Fernsehdauer

in ausgewählten Staaten Europas,
in Stunden, 2021

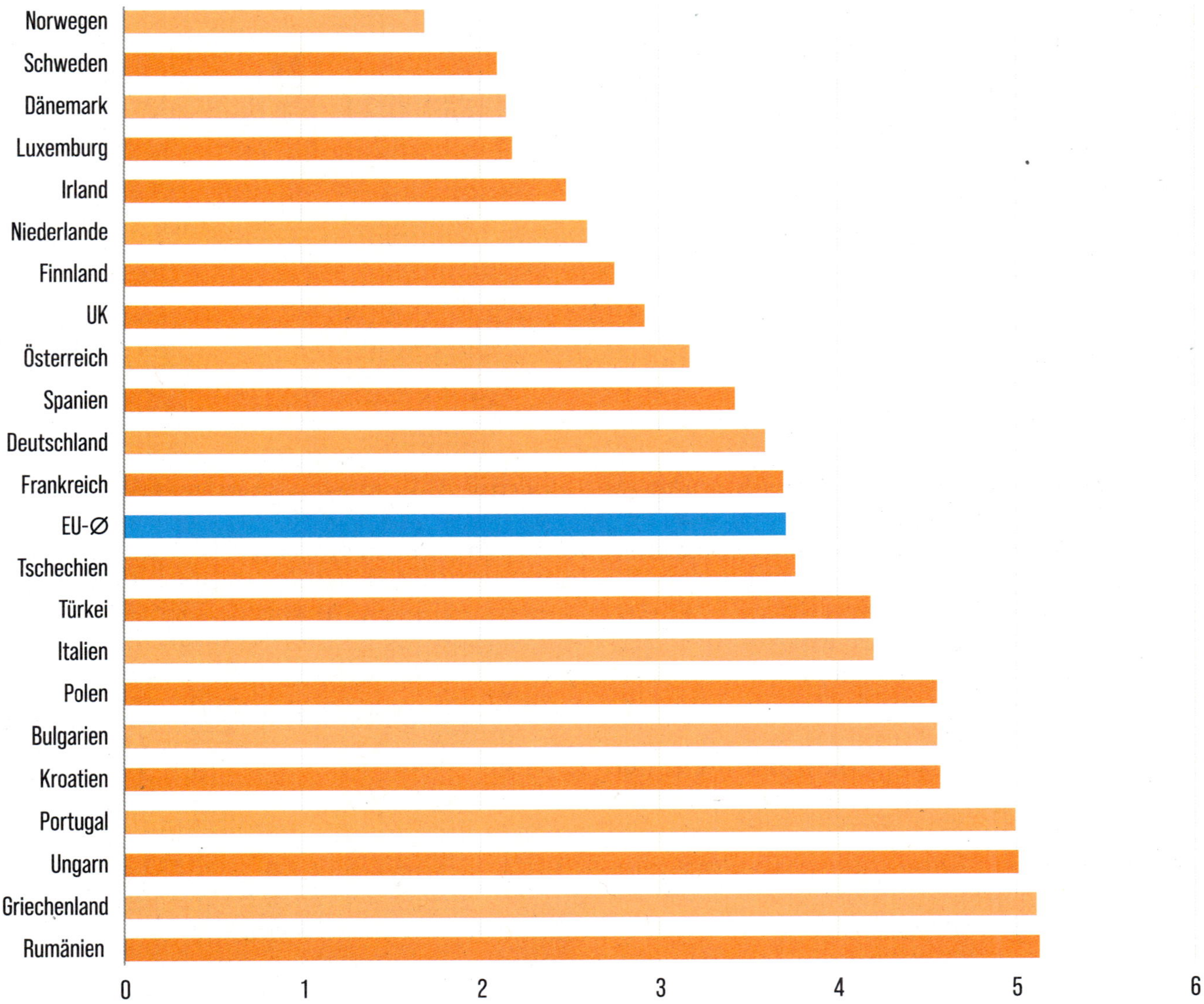

Land	Stunden
Norwegen	1,7
Schweden	2,1
Dänemark	2,1
Luxemburg	2,2
Irland	2,5
Niederlande	2,6
Finnland	2,7
UK	2,9
Österreich	3,2
Spanien	3,4
Deutschland	3,6
Frankreich	3,7
EU-Ø	3,7
Tschechien	3,8
Türkei	4,2
Italien	4,2
Polen	4,5
Bulgarien	4,5
Kroatien	4,5
Portugal	5,0
Ungarn	5,0
Griechenland	5,1
Rumänien	5,1

Die Stärke der Effekte überraschte die Wissenschaftler selbst. Trotzdem betont der Neurologe und Mitautor der Studie Matthias Nürnberger, dass viel Fernsehgucken natürlich auch gravierende Nachteile mit sich bringe, wie weniger Bewegung und soziale Kontakte. Sein Fazit: »Fernsehen ist zwar besser als sein Ruf, aber man sollte es trotzdem nicht übertreiben.«

Studiendesign

Stil 🔍	quantitativ
Messzeitraum ⏳	Längsschnitt
Erhebung 🧪	Experiment
Veröffentlichung 🗒	Fachzeitschrift

Stärkere Duschen sparen Wasser

Studie: „Beyond the water flow rate: Water pressure and smart timers impact shower efficiency" von Pablo Pereira-Doel, James Daly und Ian Walker (März 2024)

Kurz: Höherer Wasserdruck beim Duschen hilft beim Wassersparen.

Laut einer Studie von Forschern der englischen Universität Surrey kann ein stärkerer Wasserdruck beim Duschen den Wasserverbrauch um bis zu 56 Prozent reduzieren. Im Allgemeinen, so die Forscher, wird ein höherer Wasserdruck mit einem höheren Wasserdurchfluss in Verbindung gebracht.

Dass ein stärkerer Duschstrahl tatsächlich aber zu einem geringeren Wasserverbrauch führt, erklären sie damit, dass Menschen ihre Duschen nicht einfach nach einer bestimmten Zeit abschalten, sondern dass sie dann aufhören zu duschen, wenn sie ein bestimmtes »Erlebnis« erreicht haben. In diesem Zusammenhang wird in der Studie Alex Hyslop zitiert, Marketingdirektor bei der Firma Mira Showers. Ihm zufolge hänge das Duschverhalten von persönlichen Vorlieben ab, wobei gerade der Wasserdruck ein wichtiger Faktor sei: Kund:innen gäben meistens »Kraft« und »Druck« als besonders wichtig für ein gutes Duscherlebnis an.

Im Umkehrschluss heißt das: Stehen die Duschenden unter einem laschen Wasserstrahl, duschen sie so lange weiter, bis sie das Duschen dennoch als befriedigend empfinden – und verbrauchen auf diese Weise mehr Wasser.

Für ihre Studie maßen die Forscher verdeckt den Wasserverbrauch von 290 Duschen über einen Zeitraum von 39 Wochen, wobei 86.421 Duschvorgänge erfasst wurden. Der wassersparende Effekt wurde noch verstärkt, wenn die Duschenden Zeitschaltuhren benutzten, die sie über ihre Duschdauer informierten. Diese können den Wasserverbrauch bei einem mittleren Wasserdruck um bis zu 43 Prozent senken.

studiendesign

Stil 🔍		quantitativ
Messzeitraum ⏳		Längsschnitt
Erhebung 🧪		Experiment
Veröffentlichung 📄		Vorabdruck

Wo besonders viel Blauwasser für Produkte verbraucht wird, die in Deutschland konsumiert werden

in Millionen Kubikmeter pro Jahr

*Als blau wird Wasser bezeichnet, das aus Grund- und Oberflächen-
gewässern entnommen wird, um Produkte wie Textilien herzustellen oder
Felder und Plantagen zu bewässern*

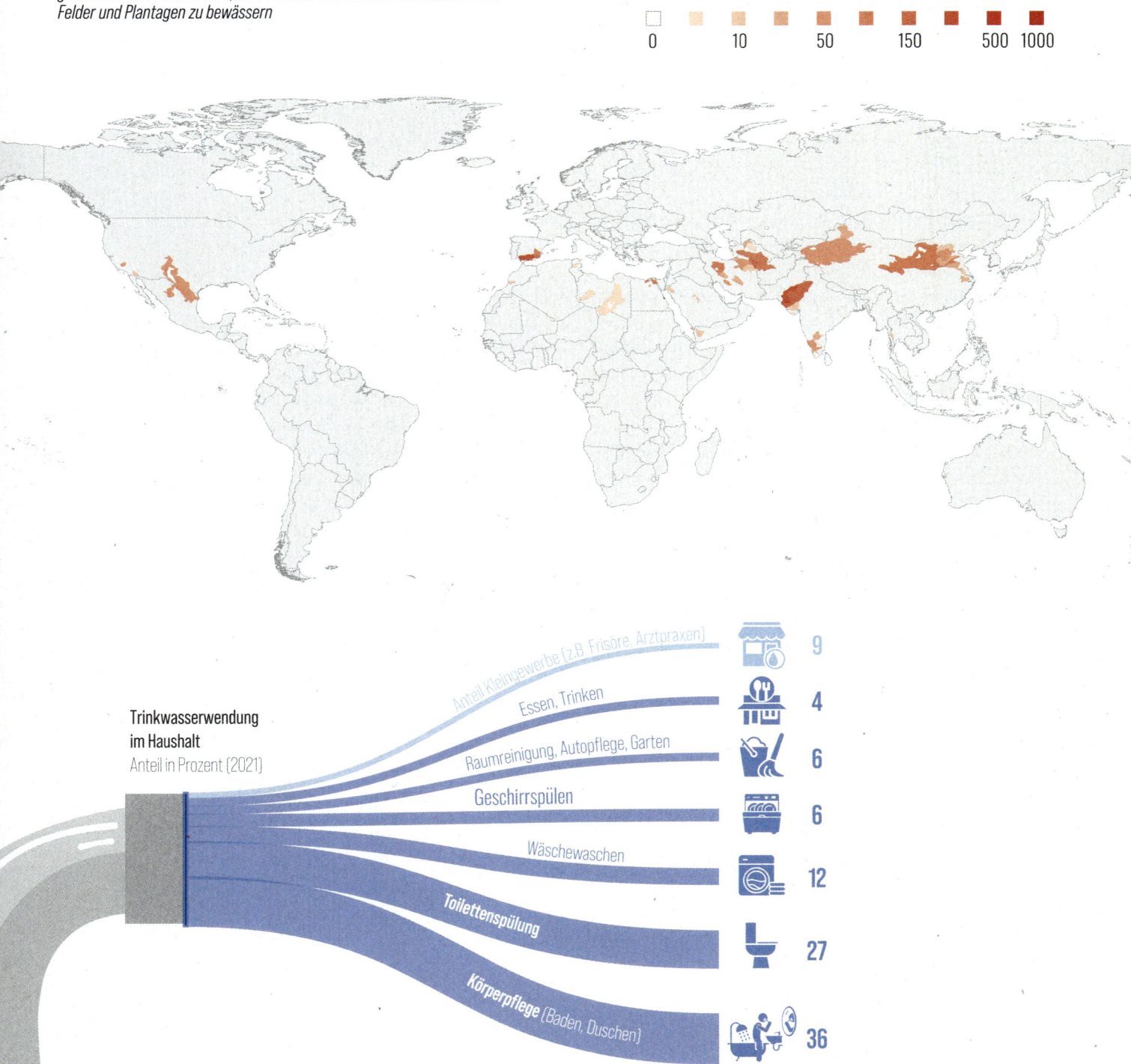

0	10	50	150	500	1000

Trinkwasserwendung
im Haushalt
Anteil in Prozent (2021)

Anteil Kleingewerbe (z.B. Frisöre, Arztpraxen) — 9

Essen, Trinken — 4

Raumreinigung, Autopflege, Garten — 6

Geschirrspülen — 6

Wäschewaschen — 12

Toilettenspülung — 27

Körperpflege (Baden, Duschen) — 36

Die Bezeichnung „vorhandene Daten" steht für: vorhandene Daten, Umfrage und Beobachtung

Was bedeuten unsere Studien-Einordnungen?

KATAPULT stellt Studien vor. Aber: Studie ist nicht gleich Studie. Je nachdem, wie die Fragestellung der Untersuchung lautet, wählen die Wissenschaftler:innen das »Studiendesign«. Hier gibt es zahlreiche Möglichkeiten:

Es können beispielsweise sehr wenige Menschen ganz genau und individuell befragt werden (*qualitative Forschung*) oder viele Menschen mit den gleichen, genau festgelegten Instrumenten (*quantitative Forschung*). Die Anzahl der Befragten (*Stichprobengröße*) kann sich also von Studie zu Studie enorm unterscheiden. Wichtig ist, dass eine Stichprobe *repräsentativ* für die Zielpopulation ist, also die Gruppe Menschen widerspiegelt, über die eine Aussage gemacht werden soll. Das können zum Beispiel die Einwohner:innen Berlins sein oder alle Frauen mit Einwanderungsgeschichte in Westeuropa. Eine gute Methode hierfür ist, die Personen zufällig auszuwählen, sodass sich Stichprobe und Zielpopulation nicht systematisch voneinander unterscheiden.

In der Sozialwissenschaft werden aber nicht nur Menschen untersucht, oft geht es um andere »*Beobachtungseinheiten*« wie Länder, Regierungsformen, die Anzahl der Kriege, die ein Land geführt hat, oder auch die Amtszeit von Regierungschefs. Auch hier sind die Stichprobengröße und die Repräsentativität von Bedeutung, denn sie bestimmen, neben anderen Faktoren, wie aussagekräftig eine Studie ist.

Viele Studien sind sogenannte *Querschnittstudien*, das heißt, zu einem Zeitpunkt werden verschiedene Informationen erhoben. Bei manchen Fragestellungen ist es aber wichtig, Personen oder andere Untersuchungseinheiten zu unterschiedlichen Zeitpunkten zu befragen, um Veränderungen messen zu können. Solche Studien heißen *Längsschnittstudien*.

Die Forschungsfrage, die mithilfe der Untersuchung beantwortet werden soll, beeinflusst die Art der Erhebung. In vielen Fällen erfassen die Wissenschaftler:innen die Informationen mit einem Fragebogen (*Umfrage*) oder nutzen bereits vorhandene Daten, wie zum Beispiel Wahlergebnisse oder das Durchschnittseinkommen von Personen. In manchen Fällen

nehmen die Proband:innen auch an einem *Experiment* teil – zum Beispiel einem Rollenspiel. Diese künstliche Situation ist nötig, wenn das Verhalten, das man untersuchen möchte, nur schwer zu untersuchen ist, weil es beispielsweise nur selten gezeigt wird.

Nicht zuletzt bestimmt die Fachrichtung, welches Design gewählt wird. Studien in der Politikwissenschaft sehen oft anders aus als solche in der Medizin oder in den Naturwissenschaften. Bei allen gilt aber: Bevor sie in einer Fachzeitschrift erscheinen, durchlaufen sie verschiedene Prüfungen. Ein gängiges Verfahren hierfür ist das *peer review*. Wissenschaftler:innen des gleichen Fachgebiets kontrollieren, ob das gewählte Studiendesign für die Fragestellung sinnvoll ist und ob die Statistik korrekt berechnet und interpretiert wurde. Doch nicht jede Befragung oder Untersuchung wird in einer Fachzeitschrift veröffentlicht. Manche Ergebnisse werden lediglich in Berichten oder Jahresreporten publiziert.

Wichtig: Werden Studien von Parteien oder Interessenverbänden in Auftrag gegeben, kann es sein, dass die Personen, die sie durchführen, nicht unvoreingenommen sind und ein Interesse daran haben, wie die Untersuchung ausgeht. Das muss beim Interpretieren der Ergebnisse bedacht werden. ⬥

CORNELIA SCHIMEK
KATAPULT

Quellen zu den Karten und Grafiken

- **Ergebnisse Europawahl 2024 Sachsen, Thüringen, Brandenburg (S. 4, 6, 8):** bundeswahlleiterin.de; eigene Berechnung; tagesschau.de.
- **Bevölkerungsdichte Sachsen, Thüringen, Brandenburg (S. 4, 6, 8):** worldpop.org.
- **So lang ist Chile (S. 12):** atlasova.world; eigene Berechnung.
- **Gemeldete Ufo-Sichtungen (S. 15):** Fitzpatrick, A., Davis, E.:, Americas UFO hotspots mapped: Reported UFO sightings per 100k residents, 2000-2023, auf: axios.com (8.2.2024).
- **Die 5 größten Livekonzerte aller Zeiten (S. 17):** Die zehn größten Konzerte aller Zeiten, August 2022 auf: stern.de.
- **Index der Hilfsbereitschaft (S. 18):** Empathie kann man lernen, 2023, auf cafonline.org.
- **Bevölkerungsdichte Ukraine/USA (S. 20/21):** worldpop.org.
- **Anteil von People of Color an der Bevölkerung (S. 23):** aspe.hhs.gov.
- **Durchschnittliche Lebenserwartung der Probanden (S. 25):** examiningtuskegee.com; Olansky, Sidney u.a.: Environmental Factors in the Tuskegee Study of Untreated Syphilis, in: Public Health Report 69, Nr. 7 (1954).
- **Fleischkonsum in Italien pro Kopf, in Kilogramm (S. 29):** Adamopoulou, Effrosyni u.a.: Eating Habits, Food Consumption, and Health: The Role of Early Life Experiences, ZEW - Centre for European Economic Research Discussion Paper Nr. 54 (2023), S. 60.
- **Terrorattacken in Indien nach Monaten, 1998-2017, (S. 30):** Monsoon Marauders and Summer Violence: Exploring the Spatial Relationship between Climate Change and Terrorist Activity in India, Februar 2024, auf: tandfonline.com.
- **Anzahl Asylanträge in den Bundesländern Januar bis April 2024 (S. 32):** Bamf (Hg.): Aktuelle Zahlen, April 2024, S. 8.
- **Anzahl der Personen, die in Deutschland 2023 einen Asylantrag stellten (S. 34/35):** Bamf (Hg.): Asylgeschäftsstatistik Gesamtjahr und Dezember 2023, auf: bamf.de (8.1.2024).
- **Anerkennungsquoten der Bundesländer (S. 38/39):** Gundacker, Lidwina u.a.: How regional attitudes towards immigration shape the chance to obtain asylum: Evidence from Germany, in: Migration Studies, 2024, S. 4.
- **So sah Brasilien 1534 aus (S. 42/43):** Cintra, Jorge P.: Reconstruindo o mapa das capitanias hereditárias, auf: scielo.br (Dezember 2013).
- **Er war überall (S. 44):** johnnycashhasbeeneverywhere.com; en.wikipedia.org.
- **Veränderung des Sterberisiko (S. 47):** IHME-CHAIN Collaborators: Effects of education on adult mortality: a global systematic review and meta-analysis, auf: thelancet.com (23.1.2024).
- **Bildungsjahre (S. 47):** oecdbetterlifeindex.org.
- **Verbreitung des digitalen … (S. 49):** worlddab.org.
- **Haushalte mit DAB und DAB+ (S. 51):** worlddab.org.
- **Freie Radiosender auf UKW (S. 52):** freie-radios.de.
- **Straßenabdeckung von DAB+ (S. 54):** worlddab.org.
- **Anzahl der Suizide in Deutschland (S. 46):** eigene Berechnungen.
- **Gesellschaftlicher Zusammenhalt (S. 57):** Boehnke, Klaus u.a.: Gesellschaftlicher Zusammenhalt in Deutschland 2023, S. 18, auf: bertelsmann-stiftung.de (April 2024).
- **Die Länder mit dem größten Verlust an tropischen Urwäldern (S. 58/59):** World Resources Institute (Hg.): Forest Pulse: The Latest on the World's Forests, auf: research.wri.org (2024).
- **Wie viel Geld erwachsene Kinder von ihren Eltern bekommen (S. 61):** savings.com (März 2023).
- **Beliebtheit von Maßnahmenbündeln (S. 63):** Marschall, Renae u.a.: Neutral and negative efects of policy bundling on support for decarbonization, in: Climate Change 61 (2024).
- **Der häufigste Nachname in den japanischen Präfekturen (S. 64):** myoji-yurai.net.
- **Bevölkerungsentwicklung in Südkorea (S. 66):** eigene Recherche.
- **Welche sind die langweiligsten Jobs? (S. 71):** freelancer.de.
- **Soziale Kipp-Elemente (S. 73):** Otto, Ilona M. u.a.: Social tipping dynamics for stabilizing Earth's climate by 2050, auf: ncbi.nlm.nih.gov (4.2.2020).
- **Welche kritische Masse braucht es? (S. 75):** Centola, Damon u.a.: Experimental evidence for tipping points in social convention, auf: pubmed.ncbi.nlm.nih.gov (8.6.2018).
- **CO2-Reduzierung als Dynamik sozialer Kippunkte (S. 76):** Otto, Ilona M. u.a.: Social tipping dynamics for stabilizing Earth's climate by 2050, auf: ncbi.nlm.nih.gov (4.2.2020).
- **Bevorzugte Musikrichtungen (S. 80):** Institut für Demoskopie Allensbach: Bevorzugte Musikrichtungen nach Altersgruppen, auf: miz.org (November 2023).
- **Treibhausgasemissionen pro 100 Gramm (S. 83):** Koehn, J. Zachary u.a.: The role of seafood in sustainable diets, S. 6, auf: iopscience.iop.org (8.3.2022).
- **Medienaufmerksamkeit auf rechtsextremen Akteuren und unter einem Szenario ohne die AfD (S. 85):** Völker, Theresa; Saldivia Gonzatti, Daniel: Discourse Networks of the Far Right: How Far-Right Actors Become Mainstream in Public Debates, in: Political Communication 41 (2024), S. 360.
- **Lebensmittelverschwendung weltweit/Nahrungsmittelverbrauch pro Jahr (S. 86):** UN (Hg.): Food Waste Index Report 2024.
- **Innerhalb dieses Kreises leben … /Innerhalb dieser Kreise lebt … (S. 90/91):** Reddit; Arthur, Rudy: Valeriepieris Circles for Spatial Data Analysis, in: Geographical Analysis, (56)2024, Nr. 2.
- **Durchschnittliche Fernsehdauer (S. 93):** statista.com (Dezember 2022).
- **Wo besonders viel Blauwasser für Produkte verbraucht wird … (S. 95):** umweltbundesamt.de (14.10.2022).
- **Trinkwasserverwendung im Haushalt (S. 95):** Beyond the water flow rate: Water pressure and smart timers impact shower efficiency, auf: osf.io (März 2024).

Impressum

VERLAG
Katapult-Magazin gGmbH,
Wilhelm-Holtz-Straße 9, 17489 Greifswald

Geschäftsführung
Nasrin Morgan V.i.S.d.P.

Redaktion & Team
Anna Hansen, Stefanie Malleier, Cornelia Schimek, Jonathan Dehn, Tim Ehlers, Alexander Fürniß, Benjamin Fredrich, Diana Kasten, Mike Kurth, Iris Fredrich, Tobias Müller, Jonas Bauten, Iris Becker, Stefanie Schuldt, Jasemin Uysal, Burak Başkaya, Ella Daum

Lektorat
Philipp Bauer, Tim Ehlers

Layout und Satz
Tim Ehlers, Ole Bohm

Praktiker
Nataliia Dziuba, Lutz Fredrich, Andreas Portugal (Baumwart), Sergey Shykolai

KATAPULT Verlag
Sebastian Wolter, Lukas Laureck, Iris Ott, Kristin Gora, Felix Lange

KATAPULTU
Volodymyr Biriukov, Eugen Kotenko, Brendan-Hoffman, Ilya Larinov, Yurii Tynnyi, Benjamin Fredrich, Travis Sauer, Masha Shykolai, Yana Stoikova, Ole Bohm

KATAPULT MV
Philipp Bauer, Louise Blöß, Patrick Hinz, Morten Hübbe, Martje Rust, Lilly Biedermann, Victoria Flägel

Programmierung & IT
Jan Erikson, Dirk Reske

Aboservice
+49 176 56 99 89 44 (Mo-Fr 9-16 Uhr), abo@katapult-magazin.de

Anzeigen
+49 176 56 99 89 44
redaktion@katapult-magazin.de

AUFLAGE
100.000

Druck
Westermann DRUCK | pva

Vertrieb
IPS Pressevertrieb GmbH

Herausgeber
Benjamin Fredrich

ISSN 2509-3053